■　は　じ　め　に　■

　令和5年度の新税制は、岸田内閣の唱える「資産所得倍増プラン」実現への意向に沿った税制が色濃く反映されたものになりました。そのため、株式などの運用益が非課税になるNISAを大幅に拡充することが柱の一つになりました。

　ただ、環境問題に関係する炭素税や、世界の変化に対応する防衛費増税や、電気自動車税制も大部分、来年度以降に先送りとなりました。しかし、若年層への資産移転を促すため、相続・贈与制度を見直し、円滑な生前贈与を後押しするとともに、高齢者が持つ資産が子育て中のこの若年層世代に移転しやすくなる制度も立ち上げました。

　個人所得課税では、NISA制度の恒久化や非課税期間の無期限化を明確に示したほか、個人がスタートアップ企業に多額の投資をしても非課税となる、「エンジェル税制」を抜本的に改正し、欧米諸国に引けを取らない税制としました。また、国外転出時課税の手続きの簡素化も盛り込まれました。

　資産課税では、相続時精算課税制度について、相続時精算課税適用者が特定贈与者から受けた贈与について、現行の2,500万円基礎控除とは別に、毎年110万円を控除できることとし、暦年課税における相続開始前に贈与があった場合の相続税課税価格への加算時期を3年から7年に延長し、延長した4年分で合計100万円が更に控除できることになり、今後の相続税対策への取組みを大きく変えることになりました。

　地方税では、長寿命化に資する大規模修繕工事を行ったマンションに係る固定資産税の軽減措置の創設が盛り込まれました。

　法人課税では、研究開発税制の一般型税額控除制度と中小企業技術基盤強化税制の見直しを行い、試験研究費の範囲についても、除外する対象が

明確にされました。オープンイノベーション促進税制についても、適用対象になる特定株式に、発行法人以外の者からの購入も付け加えられました。

　また、デジタル庁の懸案事項であったWEB3.0下の「暗号資産の期末時価評価」についても、自己が発行したトークン等については、原則として時価評価対象外とし、人材の国外脱出を防止することになりました。中小企業投資促進税制については、節税スキームに多用されることから、コインランドリー業に規制が入り、同様に、中小企業経営強化税制についても暗号資産マイニング業も追加規制されることになりました。

　消費課税では、インボイス制度が今年10月から導入されるのに合わせて、免税事業者の納めるべき消費税額を課税標準額の2割とすることや、課税売上高が1億円未満の事業者については、支払対価が1万円未満の場合は無原則に税額控除を認めるなど、様々な税額を軽減する経過措置が設けられました。

　納税環境関係では、国税関係帳簿（優良な電子帳簿）に係る電磁的記録の保存等に関して改正が加えられたほか、スキャナ保存に関してもダウンロード保存している場合の簡素化も加えられることになりました。

　国際課税では、グローバル・ミニマム課税がOECDで実施されることから、我が国の多国籍企業に対する措置を設けることになったほか、外国子会社合算課税制度では、適用対象税率を30％から27％に引き下げることになりました。

　さらに、税理士法の改正では、ニセ税理士の悪質なコンサルティングについての刑事罰の適用や懲戒処分を受けた税理士名をインターネット上に公表する方法の新設など、頻繁に行われる税理士の不祥事に対する厳罰化が図られています。

　以上のように、財政事情の厳しい中での岸田内閣2回目の税制改正ですが、3年にわたるコロナ禍のなか、改正項目は近来になく多岐にわたり、しかも、きめ細かく手当てがされています。

　本書では、このような「令和5年度の税制改正」の執筆に当たり、図解や事例を多用すると共に、各項目ごとに「適用時期」や「適用期限」を明確化し、「一口メモ」や「用語の説明」などの補足説明を適宜加えることによって、できる限りわかりやすく理解しやすい書籍となるように、徹底して工夫を加えています。

　本書が税理士、公認会計士をはじめ、税務に関連する業務に携わる実務家の方々にとっても、座右の書としてお手元に置いていただき、皆様方の日常業務の中で、少しでもお役に立てていただければ、筆者としましては、望外の喜びとするところです。

　令和5年3月吉日

奥村　眞吾

CONTENTS

CONTENTS

Ⅲ．土地税制は、こうなる !!

Ⅳ．その他所得課税は、こうなる !!

CONTENTS

CONTENTS

主な過年度改正事項　編

本書は、以下の資料等により作成しています。

＊令和４年12月16日「令和５年度税制改正大綱」（与党税制調査会）・令和４年12月
　23日「令和５年度税制改正の大綱」（閣議決定）及び各省庁税制改正要望資料など。

＊「所得税法等の一部を改正する法律案」（令和５年２月７日第211回通常国会提出
　法案による。）

＊「地方税法等の一部を改正する法律案」（令和５年２月７日第211回通常国会提出
　法案による。）

個人所得課税（所得税・固定資産税等）編

――どこが どう変わるか？――

I 金融・証券税制は、こうなる!!

■ 1.「NISA制度」の改革で投資を促進 ■
～ "NISA制度" の抜本的改革＆制度の恒久化～

　通常、株式や投資信託に投資をした場合、これらを売却して得た利益や受け取った配当に対しては、分離課税による約20％の所得税と個人住民税が課税されます。

　これに対して、"NISA制度"≪少額投資非課税制度≫を利用した場合には、「NISA口座（非課税口座）」内で、毎年一定金額の範囲内で購入したこの制度の適用対象となる株式投信や上場株式、REIT、ETFなどの金融商品の配当や譲渡から得られる利益については、所得税及び個人住民税を課税しないという制度が設けられています。

　令和5年度の税制改正において、個人や企業、そして地域に眠るポテンシャルを最大限引き出すためのメッセージを税制において具現化するためには、「資産所得倍増プラン」の実現に向けた環境を整備することが極めて重要であるとして、この「NISA制度」の抜本的拡充と制度の恒久化を図る改正が行われました。

（1）現行「NISA制度≪少額投資非課税制度≫」の概要

　通常、株式や投資信託に投資をした場合、これらを売却して得た利益や受け取った配当に対しては、分離課税による約20％の所得税と個人住民税が課税されます。

　これに対して、"NISA制度"≪少額投資非課税制度≫を利用した場合には、「NISA口座（非課税口座）」内で、毎年一定金額の範囲内で購入したこ

の制度の適用対象となる株式投信や上場株式、REIT、ETFなどの金融商品の配当や譲渡から得られる利益については、所得税及び個人住民税を課税しないという制度が設けられています。

❶　現行の「NISA制度」は３種類

「NISA制度」には、成年だけが利用できる「一般NISA」と「つみたてNISA」があり、さらに、18歳未満（令和４年までは、20歳未満）の未成年者だけが利用できる「ジュニアNISA」の３種類があります。その概要は、以下のとおりです。

①	一般NISA	「一般NISA」は、上場株式・投資信託等を毎年120万円まで購入でき、最長５年間非課税で保有できます。
②	つみたてNISA	「つみたてNISA」は、一定の投資信託を毎年40万円まで購入でき、最長20年間非課税で保有できます。
③	ジュニアNISA	「ジュニアNISA」は、「一般NISA」同様、上場株式・投資信託等を毎年80万円まで購入でき、最長５年間非課税で保有できます。

(2) 令和２年度改正による令和６年１月からの「NISA 制度」は、どうなるか

❶　令和２年度改正の NISA 制度

令和２年度の税制改正で、令和６年１月１日から「一般NISA」と「つみたてNISA」の特徴を組み合わせた新制度が発足し、運用リスクが少ない投資信託などに投資を限定する年間で最大20万円の「つみたて枠」と、少々リスクがある株式等に投資できる年間で最大102万円の「成長枠」への投資を可能とする２階建て制度となることとされていました。

しかし、この制度は実現することなく、令和５年度改正により、次項（3）の制度に変更されました。

■令和２年度改正の２階建て「NISA制度」の概要

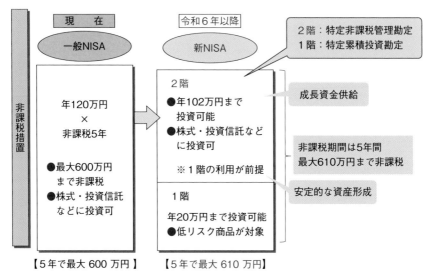

※「つみたてNISA」は、令和24年まで５年延長。ジュニアNISAは、令和５年で終了。

❷ 「ジュニアNISA」は、令和５年に終了

　一方、18歳未満（令和４年までは、20歳未満）を適用対象とする「ジュニアNISA」は、令和５年12月31日で終了することとされていました。

　ところが、令和６年１月１日から実施されるはずのNISA制度は実現することなく消滅し、令和５年度の改正により、新たに（3）の制度に変更されることになりました。

(3) 令和5年度改正による令和6年1月からの「NISA制度」は、こうなる

～ NISA 制度の抜本的拡充と制度の恒久化～

❶ 現行のNISA制度は、いつから、どう変わるのか

① 現行の「一般NISA」と「つみたてNISA」は、どうなるか

　令和5年度の改正では、現行の「一般NISA」と「つみたてNISA」の運用を一体化したうえ、それぞれの呼称を「成長投資枠」と「つみたて投資枠」に改称し、現行では両者の併用を不可としていたことを改め、「成長投資枠」を「つみたて投資枠」の一部として、両者を併用して適用できるように改正されました。

　しかも、令和5年12月31日までに現行NISA制度によって投資した商品についても、新しい制度の外枠で、現行制度の非課税措置を継続して適用できることとされました。

② 制度の拡充と非課税投資期間の無制限化

　少額投資非課税制度（NISA制度）が、令和6年1月1日から大幅に拡充されることになりました。制度の恒久化を図るとともに非課税で投資できる期間を無制限にし、投資枠も広げられました。その結果、最大年360万円、生涯投資枠1,800万円の範囲内で利用できることになりました。

　また、「NISA」には国内外の上場株など幅広い商品に投資できる「一般型」と投資信託に限った「つみたて型」がありますが、「一般型」は令和5年（2023年）、「つみたて型」は令和23年（2041年）までの時限制度だったのが、恒久化されました。

　ただし、現行制度から新制度へのロールオーバーはできないとされています。

③ 投資対象となる商品の範囲

　投資対象となる商品は、改正前より絞られることになります。上場廃止基準に該当する可能性のある監理銘柄や上場廃止が決まった整理銘柄は長期的な資産形成に不向きなため対象から外されました。同様に、償還期間

が短い投資信託も対象外とされています。

 この制度は、令和6年1月1日から適用開始となりますが、現行積立額は新制度に加算されることなく利用できます。

❷ 「ジュニアNISA」は、令和5年で終了

　一方、18歳未満（令和4年までは、20歳未満）を適用対象とする「ジュニアNISA」は、令和2年度の改正どおり、変更されることなく、令和5年12月31日で終了することとされました。

　したがって、令和6年1月1日以降は新規の口座開設や上場株式等の新規買付はできません。

　ただし、「ジュニアNISA」口座を既に開設している17歳以下の者については、18歳に達するまでは非課税で保有することができる特例が設けられています。

　なお、3月31日時点で18歳である年の前年12月31日までの間は、原則として払出しはできませんが、災害等やむを得ない事由がある場合には、非課税の払出しが可能でしたが、令和6年以降は、保有している株式・投資信託等及び金銭の全額について、年齢にかかわらず、災害等やむを得ない事由によらない場合でも、非課税の引出しが可能とされています。

（4）【事例】で考える「非課税保有額」活用例

　①「つみたて投資枠」だけを利用した場合と②「つみたて投資枠」と「成長投資枠」を併用した場合の「事例」を想定して、生涯投資限度額1,800万円に達するまでの期間がどうなるかを比較してみました。

　非課税保有限度額に達するまでの年数の違いがわかります。

【事例】

・「つみたて投資枠」………… 毎年120万円を積み立てる。
・「成長投資枠」……………… 毎年240万円を投資する。

「つみたて投資枠」と「成長投資枠」のどちらも、年間投資枠いっぱいを毎年投資するとした場合に
　①「つみたて投資枠」だけを利用した場合と
　②「つみたて投資枠」と「成長投資枠」を利用した場合
では、1,800万円の非課税保有限度額に達するまでの年数差はどうなるでしょうか。

【計算】

① 「つみたて投資枠」だけを利用した場合
　120万円（年間投資枠）　×　15年間　＝　1,800万円
　　∴15年間で非課税保有限度額に達する。

② 「つみたて投資枠」と「成長投資枠」を併用した場合
　イ．「成長投資枠」部分
　240万円（年間投資枠）　×　5年間　＝　1,200万円 …（イ）
　　（「成長投資枠」の非課税保有限度額）
　ロ．「つみたて投資枠」部分
　120万円（年間投資枠）　×　5年間　＝　600万円………（ロ）
　（「成長投資枠」の非課税保有限度額）
　（1,800万円　－　1,200万円　＝　600万円（不足額）
　ハ．　非課税保有限度額
　（イ）　＋　（ロ）　＝　1,800万円
　　∴5年間で非課税保有限度額に達する。

③ 非課税保有限度額に達するまでの年数の違い
　　∴①と②の年数の差は、10年となります。

コメント　上記の【計算】では、非課税保有限度額1,800万円に達するまでの年数は、①が15年間、②が5年間となり、両者では10年間の差が生じることになります。

■現行のNISA制度の概要　　　（2023年12月31日まで適用）

	つみたてNISA (2018年創設) 選択制	一般NISA (2014年創設)	ジュニアNISA (2016年創設)
年間投資枠	40万円	120万円	80万円
非課税保有期間	20年間	5年間	5年間※1
非課税保有限度額	800万円	600万円	400万円
口座開設期間	2042年まで	2028年まで	2023年まで
投資対象商品	長期の積立・分散投資に適した株式投信	上場株式、ETF、REIT、株式投信	上場株式、ETF、REIT、株式投信
対象年齢	20歳※2以上	20歳※2以上	20歳※2未満
口座数 (2022. 6末)	639万口座	1,065万口座	87万口座
残高 (2021.12末)	1.7兆円	10.1兆円	0.5兆円

※1　ただし、18歳まで非課税で保有可能とする特例あり
※2　2023年以降は18歳

改正

■令和5年度改正後のNISA制度の概要　　　（2024年1月から適用）

	つみたて投資枠　併用可	成長投資枠
年間投資枠	120万円	240万円
非課税保有期間 (注1)	無期限化	無期限化
非課税保有限度額 (総枠) (注2)	1,800万円 ※簿価残高方式で管理（枠の再利用が可能）	
		1,200万円（内数）
口座開設期間	恒久化	恒久化
投資対象商品	積立・分散投資に適した一定の投資信託 〔現行のつみたてNISA対象商品と同様〕	上場株式・投資信託等 (注3) ①整理・監理銘柄②信託期間20年未満、高レバレッジ型及び毎月分配型の投資信託等を除外
対象年齢	18歳以上	18歳以上
現行制度との関係	2023年末までに現行の一般NISA及びつみたてNISAにおいて投資した商品は、新しい制度の外枠で、現行制度における非課税措置を適用 ※現行制度から新しい制度へのロールオーバーは不可	

(注1)　非課税保有期間の無期限化に伴い、現行のつみたてNISAと同様、定期的に利用者の住所等を確認し、制度の適正な運用を担保
(注2)　利用者それぞれの非課税保有限度額については、金融機関から一定のクラウドを利用して提供された情報を国税庁において管理
(注3)　金融機関による「成長投資枠」を使った回転売買への勧誘行為に対し、金融庁が監督指針を改正し、法令に基づき監督及びモニタリングを実施
(注4)　2023年末までにジュニアNISAにおいて投資した商品は、5年間の非課税期間が終了しても、所定の手続きを経ることで、18歳になるまでは非課税措置が受けられることとなっているが、今回、その手続きを省略することとし、利用者の利便性向上を手当て

（金融庁資料より）

■ 2．スタートアップ企業への 再投資に対する非課税措置の創設

（1）スタートアップ企業支援・エンジェル税制の見直し

　事業化の前段階（プレシード・シード期）においては、事業成功の見通しが不透明でリスクの高い投資であるため、個人の機関投資家が投資をしにくい環境にあります。そこで、個人によるエンジェル投資を引き出し、スタートアップ企業、とりわけ、プレ・シード期の企業の資金繰りを支援するための仕組み作りが必要であるとして、個人投資家がスタートアップ企業に出資した際に優遇する「エンジェル税制」を見直し、新たな非課税措置が設けられました。

　上場株式を売却して得た譲渡益を元手に、①創業者が創業した場合や、エンジェル投資家がプレシード・シード期のスタートアップ企業にその譲渡益を再投資した場合には、「20億円」までを非課税とし、②20億円を超えた場合は、その超える部分を課税繰延べとする制度が創設されました。

　なお、改正前は、個人投資家が株式売却益をスタートアップ企業に再投資すると、その時点では、課税が繰り延べられますが、再投資したスタートアップ株を売却すると、その段階で課税されることになっていました。

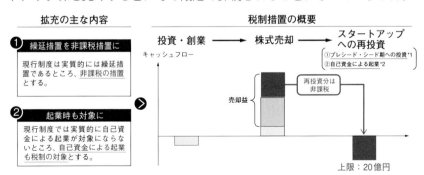

*1：現行のエンジェル税制の対象である未上場のスタートアップ企業のうち、①設立5年未満、②前事業年度まで売上が生じていない、売上が生じている場合でも前事業年度の試験研究費等／出資金の比率が30％超、③営業損益が赤字等の要件を満たす、などの要件を課す。また、外部資本要件は現行の1/6から1/20に緩和。
*2：販管費／出資金の比率が30％超などの要件を課す

（経済産業省「令和5年度（2023年度）経済産業関係 税制改正について」より）

　ところが、今回の改正による「20億円」を上限として、株式譲渡益に課税しないで非課税とする取扱いは大きなインパクトとなります。

（2）特定中小会社が設立の際に発行した株式の取得に要した金額の控除等の特例の創設

❶　スタートアップへの投資を課税の繰延措置から非課税措置に

　中小企業等経営強化法施行規則の改正を前提に、その設立の日の属する年において次に掲げる要件を満たす株式会社により設立の際に発行される株式（以下「設立特定株式」といいます。）を払込みにより取得をした居住者等は、その取得をした年分の一般株式等に係る譲渡所得等の金額又は上場株式等に係る譲渡所得等の金額からその設立特定株式の取得に要した金額の合計額（その一般株式等に係る譲渡所得等の金額及びその上場株式等に係る譲渡所得等の金額の合計額を限度とします。）を控除する特例が創設され、特定中小会社が発行した株式の取得に要した金額の控除等及び特定新規中小会社が発行した株式を取得した場合の課税の特例との選択適用とされています。

　「設立特定株式」を払込みにより取得をした居住者等とは、①その株式会社の発起人に該当すること及び②その株式会社に自らが営んでいた事業の全部を承継させた個人等に該当しないこと、③その他の要件を満たすものに限ります。

　この場合において、その取得をした設立特定株式の取得価額は、当該控除をした金額のうち20億円を超える部分の金額をその取得に要した金額から控除した金額とされます。

> イ　その設立の日以後の期間が1年未満の中小企業者であること。
> ロ　販売費及び一般管理費の出資金額に対する割合が100分の30を超えることその他の要件を満たすこと。
> ハ　特定の株主グループの有する株式の総数が発行済株式の総数の100分の99を超える会社でないこと。
> ニ　金融商品取引所に上場されている株式等の発行者である会社でないこと。
> ホ　発行済株式の総数の2分の1を超える数の株式が一の大規模法人及び当該大規模法人と特殊の関係のある法人の所有に属している会社又は発行済株式の総数の3分の2以上が大規模法人及び当該大規模法人と特殊の関係のある法人の所有に属している会社でないこと。
> ヘ　風俗営業又は性風俗関連特殊営業に該当する事業を行う会社でないこと。

❷　特定中小会社が発行した株式に係る譲渡損失の繰越控除等の適用対象となる株式の範囲の拡大

　特定中小会社が発行した株式に係る譲渡損失の繰越控除等の適用対象となる株式の範囲に、上記❶の「設立特定株式」が加えられました。

(3) エンジェル税制の申請手続きの簡素化

　個人からスタートアップへの投資は、スタートアップエコシステムに欠かせない要素であり、エンジェル税制は、こうした投資を後押しする重要な税制であるので、エンジェル税制の利便性を向上させ、裾野の拡大を図るため、申請手続が簡素化されました。

　上記軽減措置の適用対象となる特定新規中小企業者に該当する株式会社であることの確認手続きにおいて、都道府県知事に提出する申請書への添付を要しないこととされる書類は、次表の「今回の見直し」欄で「不要」とされた書類です。

No	現在求めている申請書類	優遇措置A	優遇措置B	今回の見直し
1	確認申請書	○	○	簡素化
2	登記事項証明書（見本）	○	○	
3	設立後の各事業年度における貸借対照表	○	○	
4	設立後の各事業年度における損益計算書	○	○	
5	設立後の各事業年度におけるキャッシュフロー計算書	○	ー	簡素化
6	払込日における株主名簿	○	○	
7	常時使用する従業員数を証する書面	○	○	
8	研究者・新事業活動従事者の略歴、担当業務内容	○	○	
9	設立の日における貸借対照表	○	ー	不要
10	確定申告書別表1（1）	○	ー	不要
11	法人事業概況説明書	○	ー	不要
12	株式の発行を決議した書類	○	○	不要
13	個人が取得した株式についての株式申込証	○	○	不要
14	払込があったことを証する書面	○	○	
15	投資契約書の写し	○	○	

 適用時期 　上記2の改正は、令和5年4月1日以後の再投資について適用されます。

◆要点のマトメ◆

　上記スタートアップ企業に対する優遇措置を(1)投資段階での優遇措置(A)、(2)譲渡段階での優遇措置(B)及び(3)上記(1)(2)の優遇措置の要件の緩和を要約しておきます。

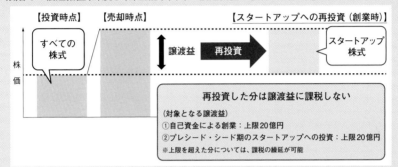

（1）投資段階での優遇措置《優遇措置A》

　再投資した譲渡益には課税されない（非課税）

　●対象となる譲渡益：

　　① 自己資金による創業⇒上限20億円

　　② プレシード・シード期のスタートアップへの投資⇒20億円

　　　＊上限超過分は、課税の繰延べが可能。

（2）譲渡段階での優遇措置《優遇措置B》

　●上記スタートアップ株式の売却損は、その年の他の株式譲渡益から控除できる。

　●控除しきれなかった損失額は、翌年以降3年間の繰越控除が可能。

（3）上記(1)(2)の要件の緩和

　① 自己資金による操業の場合

　　⇒同族要件を満たさない場合でも、事業実態（販管費対出資金比率30%超の要件等）が認められれば適用可能。

　② プレシード・シード期のスタートアップへの投資

　　⇒外部資本要件を1/6以上から1/20以上に引下げ

■ 3. ストックオプション税制の拡充

❶ 改正の概要とその背景

ストックオプションは手元にキャッシュが乏しいスタートアップ企業にとっては、有効な人材確保の手段です。今回の改正では、権利行使期間を改正前の10年から15年に延長することで、事業化に時間を要するディープテックや海外展開等を積極的に行うため未上場期間を長く取り、大きな成長を目指すスタートアップの人材獲得に寄与することになります。また、利便性向上のため、保管委託の運用の見直しが行われました。

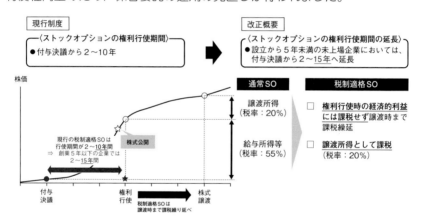

❷ 権利行使期間の延長

特定の取締役等が受ける新株予約権の行使による株式の取得に係る経済的利益の非課税等（ストックオプション税制）について、適用対象となる新株予約権に係る契約要件のうちその新株予約権の行使は、「その付与決議の日後10年を経過する日までの間に行うこと」とする要件を、「一定の株式会社が付与する新株予約権については、その新株予約権の行使は「その付与決議の日後15年を経過する日までの間に行うこと」とするほか、所要の措置が講じられました。

用語の説明 上記の「一定の株式会社」とは、設立の日以後の期間が5年未満の株式会社で、金融商品取引所に上場されている株式等の発行者である会社以外の会社であることその他の要件を満たすものをいいます。

■ 4．株式等を対価とする株式の譲渡に係る所得の計算の見直し

❶　制度の概要

　その有する株式を発行した法人を株式交付子会社とします。株式交付により、その所有株式を譲渡し、その株式交付に係る株式交付親会社の株式の交付を受けた場合（注1）には、その所有株式（注2）の譲渡はなかったものとされます。

（注1）　その株式交付により交付を受けた株式交付親会社の株式の価額がその株式交付により交付を受けた金銭の額及び金銭以外の資産の価額の合計額のうちに占める割合が100分の80に満たない場合を除きます。

（注2）　その株式交付により株式交付親会社の株式以外の資産の交付を受けた場合には、その株式交付により交付を受けた株式交付親会社の株式に対応する部分に限ります。

❷　適用対象から株式交付後に株式交付親会社が同族会社（非同族の同族会社を除く。）に該当する場合を除外

　今回の改正では、適用対象から株式交付後に株式交付親会社が同族会社（非同族の同族会社を除く。）に該当する場合を除外することになりました。（所得税についても同様とします。）

適用時期 上記の改正は、令和5年10月1日以後に行われる株式交付について適用されます。

■ 5．年 30 億円超所得者の個人所得税を強化 ■

　年間の所得が1億円を超えると1人当たりの税負担率が低下する逆転現象があります。給与所得などは高額になるほど税率が上がる累進制で最高税率は55％（所得税45％、住民税10％）にもなります。

　一方、株式や不動産の売却益にかかる税率は一律20％（所得税15％、住民税5％）で、こうした売却益の多い富裕層ほど負担率が低下します。2020年時点で、所得が5,000万円から1億円の層の所得税負担率は27％を超えますが、50億円超 ～ 100億円の層だと17％台に下がります。

　こうしたことから、不公平感を是正する必要があるとの観点から、改正後は、給与所得や金融所得などの合計所得金額から3.3億を差し引いた上で22.5％の税率を乗じます。

　この額が通常の税額より大きい場合、その差額を徴収することになりますが、対象となるのは200 ～ 300人という試算です。

① 　その年分の基準所得金額から3億3,000万円を控除した金額に22.5％の税率を乗じた金額がその年分の基準所得税額を超える場合には、その超える金額に相当する所得税を課する措置が講じられます。

　　　【所得税の計算方法】
　　　イ．基準所得税額
　　　ロ．{基準所得金額－3.3億円(特別控除額)} × 22.5％
　　　ハ．ロ＞イ　の場合に限り、その差額分を申告納付することになります。

② 　上記①の適用がある場合の所得税の確定申告書の記載事項を定めるほか、所要の措置を講ずることになります。

 **適用時期**　上記の改正は、令和7年分以後の所得税について適用されます。

用語の説明

（注1） 上記の「**基準所得金額**」とは、その年分の所得税について申告不要制度を適用しないで計算した合計所得金額（その年分の所得税について適用する特別控除額を控除した後の金額）をいい、「**基準所得税額**」とは、その年分の基準所得金額に係る所得税の額（分配時調整外国税相当額控除及び外国税額控除を適用しない場合の所得税の額とし、附帯税及び上記①により課す所得税の額を除きます。）をいいます。

（注2） 上記（注1）の「**申告不要制度**」とは、次に掲げる特例をいいます。
　　イ　確定申告を要しない配当所得等の特例
　　ロ　確定申告を要しない上場株式等の譲渡による所得の特例

（注3） 上記（注1）の合計所得金額には、源泉分離課税の対象となる所得金額を含まないこととします。（NISA制度及び特定中小会社が設立の際に発行した株式の取得に要した金額の控除等の特例において、非課税とされる金額も含みません）。

■ 6．非居住者のカジノ所得の非課税制度の創設 ■

　IR事業の国際競争力及び長期の安定性・継続性を確保する観点も踏まえ、「令和3年度　税制改正大綱」に示された方向に沿って非居住者のカジノ所得の非課税制度が法制化されました。

　内容はIR事業の国際競争力を高める観点から、非居住者のカジノ所得については非課税とするが、IR整備法の規定により、①入場料等が賦課される者、②カジノ行為が禁止されている者を除くとされています。

　非居住者（次に掲げる者のいずれかに該当するものは除かれます。）の令和9年1月1日から令和13年12月31日までの間のカジノ所得については、所得税は課されません。

（1）特定複合観光施設区域整備法の規定により入場料等を賦課するものとされている者

（2）特定複合観光施設区域整備法の規定によりカジノ行為を行ってはならないこととされている者

（3）特定複合観光施設区域整備法176条1項に規定する入場者

用語の説明

上記の「カジノ所得」とは、カジノ行為（特定複合観光施設区域整備法の規定によるカジノ事業の免許に係るカジノ行為区画で行うその免許に係る種類及び方法のカジノ行為（同法の規定による設置運営事業の停止の命令等に違反して行われたものを除きます。）に伴い顧客に支払われる金銭に限ります。）の勝金に係る一時所得をいいます。

■ 1. 長寿命化に資する大規模修繕工事を行った
マンションに対する減額措置の創設≪固定資産税≫

　一定の要件を満たすマンションにおいて、長寿命化に資する大規模修繕工事が実施された場合に、そのマンションに係る固定資産税額を減額する特別措置が創設されました。

　背景には、多くの高経年マンションにおける居住者の高齢化や、工事費の急激な上昇による長寿命化工事に必要な積立金不足が指摘されています。長寿命化工事が適切に行われないと、外壁剥落や廃墟化を招き、周囲への大きな悪影響や除却のための行政代執行に伴う多額の行政負担が生じます。

　マンションの長期使用を促すための改修も必要ですが、建替えのハードルは高く、大規模改善工事を行うためには多額の積立金を確保しなければなりませんし、適切な長寿命化工事の実施に向けた管理組合の合意形成を後押しする施策も必要になります。

　そこで、税制がきわめて重要となりました。その結果、2年間（令和5年4月1日〜令和7年3月31日）の時限措置として、次の措置が創設されることになりました。

❶　マンションの長寿命化に資する一定の大規模修繕工事を行った場合の固定資産税の減額措置

　マンションの管理の適正化の推進に関する法律に基づき、マンションの管理に関する計画が、マンション管理適正化推進計画を作成した都道府県等の長により認定（修繕積立金の額の引上げにより認定基準に適合した場

合に限ります。）され、又は都道府県等からマンションの管理の適正化を図るために必要な助言若しくは指導を受けて長期修繕計画を適切に見直した場合において、その認定又は助言若しくは指導に係るマンションのうち一定のものについて、令和5年4月1日から令和7年3月31日までの間に長寿命化に資する一定の大規模修繕工事を行い、その旨をマンションの区分所有者が市町村に申告した場合に限り、大規模修繕工事が完了した年の翌年度分のマンションの家屋に係る固定資産税について、マンションの家屋に係る固定資産税額（1戸当たり100㎡相当分までに限ります。）の3分の1を参酌して6分の1以上2分の1以下の範囲内において市町村の条例で定める割合に相当する金額が減額されます。

■特例措置の内容

○一定の要件を満たすマンションにおいて、長寿命化に資する大規模修繕工事が実施された場合に、その翌年度に課される建物部分の固定資産税額を減額することとされました。

○減額割合：参酌基準は1/3ですが、1/6～1/2の範囲内で市町村が条例で定めた額とされます。

 令和5年4月1日から令和7年3月31日までの間に長寿命化に資する一定の大規模修繕工事を行い、その旨をそのマンションの区分所有者が市町村に申告した場合に限り、適用されます。

❷ 大規模修繕工事後の市町村への申告

　減額を受けようとする対象マンションの区分所有者は、そのマンションにおいて行われた大規模修繕工事が上記長寿命化に資する一定の大規模修繕工事であること等につき、マンション管理士等が発行した証明書等を添付して、大規模修繕工事後３か月以内に市町村に申告しなければならないことになっています。

■ ２. 空き家の発生を抑制するための 特別措置の拡充《所得税・個人住民税》

（1）空き家の現状と空き家に係る譲渡所得の 3,000 万円特別控除の特例

● 改正の背景と現行の取扱い

　被相続人から相続した一定の条件を満たす居住用家屋を令和５年12月31日までに売却した場合には、「被相続人の居住用財産（空き家）を譲渡した場合の3,000万円特別控除」が適用できる制度が設けられています。

　現行税法では、相続日から起算して３年を経過する日の属する年の12月31日までに、被相続人の居住の用に供していた家屋（注１）を、相続人が、その家屋（耐震性のない場合は耐震改修をしたものに限り、その敷地を含みます。）又はその家屋を除却後にその敷地部分を譲渡した場合には、その家屋又はその土地の譲渡益について3,000万円特別控除が適用できることとされています。

（注１）「被相続人の居住の用に供していた家屋」とは、相続開始直前において被相続人の居住の用に供されていた家屋で、次の３つの要件の全てに当てはまるもの（主として被相続人の居住の用に供されていた一の建築物に限ります）をいいます。

　イ. 昭和56年５月31日以前の旧耐震基準で建築された居住用家屋であること

　ロ. 区分所有建物登記がされている建物でないこと

　ハ. 相続の開始直前（注２）において被相続人以外に居住していた人がいなかったこと

（注２）被相続人が老人ホーム等に入所していた場合は、入所の直前をいいます。

　ところが、相続人がこの特例を利用して相続した空き家を譲渡しようと
しても、その家屋が旧耐震基準の老朽空き家であれば、新耐震基準に適合
した改修工事後の家屋としなければ譲渡できないし、その敷地を売るにし
ても家屋の除却費用や敷地の整地費用は売主である相続人が負担しなけれ
ばならないといった制約があり、この税制の特例が社会問題と化しつつあ
る老朽空き家問題の解決策とはなっていませんでした。

　その背景には、現在利用が予定されていない「その他の空き家」（349万
戸）は、令和12年には約470万戸までの増加が見込まれ、空き家は相続を
機に発生するものが過半数以上となると予測されています。そのため、空
き家を早期に譲渡（有効活用）するよう、相続人を後押しする施策の策定
が求められていました。

　そこで、近年、社会問題化しつつある空き家発生の抑制を図るため、空
き家の譲渡所得に係る3,000万円特別控除について、次のような改正が行
われました。

(2) 空き家に係る譲渡所得の 3,000 万円特別控除の特例の拡充・適用期限の延長

❶　空き家に係る譲渡所得の3,000万円特別控除の特例の適用範囲の拡充等
　この特例の適用対象となる相続人が相続若しくは遺贈により取得をした
被相続人居住用家屋（その相続の時からその譲渡の時まで事業の用、貸付
けの用又は居住の用に供されていたことがないものに限ります。）の一定
の譲渡又はその被相続人居住用家屋とともにするその相続若しくは遺贈に
より取得をした被相続人居住用家屋の敷地等（その相続の時からその譲渡
の時まで事業の用、貸付けの用又は居住の用に供されていたことがないも
のに限ります。）の一定の譲渡をした場合において、その被相続人居住用
家屋がその譲渡の時からその譲渡の日の属する年の翌年2月15日までの間
に、次に掲げる場合に該当することとなった空き家又はその敷地は、この

特例を適用することができることとされました。

> イ　新耐震基準に適合する居住用住宅となった場合
> ロ　その全部の取壊し若しくは除却がされ、又はその全部が滅失をした場合

■空き家に係る譲渡所得の3,000万円特別控除の特例制度の適用イメージ

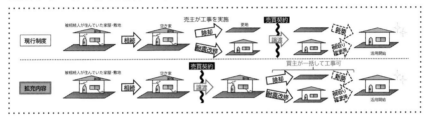

（国土交通省住宅局　令和4年12月「令和5年度国土交通省税制改正事項（住宅局関係抜粋）」）

① 適用期限の延長

　また、この特例の適用期限（令和5年12月31日）が4年間延長され、令和6年1月1日から令和9年12月31日までとされました。

② 適用要件の拡充（買主による改修にも、適用可）

　この特例の適用要件は、譲渡対象家屋及びその敷地は、耐震リフォーム及び老朽家屋の取壊し及びその敷地の整備は、売主である相続人に限定されていましたが、今回の改正により買主にも拡大され、売買契約等に基づき、令和6年1月1日以降に行う譲渡については、買主が譲渡の日の属する年の翌年2月15日までに購入家屋の耐震改修又はその家屋の除却工事を行った場合には、その工事の実施が家屋等の譲渡後であっても、この特例の適用を受けることができることとされました。

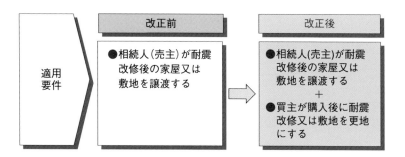

 上記の改正は、令和6年1月1日以後に行う被相続人の居住用家屋又は被相続人居住用家屋の敷地等の譲渡について適用されます。

❷ 相続人の数が3人以上である場合における特別控除額

　現行税法では、相続又は遺贈により被相続人居住用家屋及び被相続人居住用家屋の敷地等の取得をした相続人の数が3人以上である場合でも、この特例の控除額は一人当たり3,000万円とされていましたが、今回の改正により、この特例の控除額は一人当たり2,000万円とされました。

 上記の改正は、令和6年1月1日以後に行う被相続人の居住用家屋又は被相続人居住用家屋の敷地等の譲渡について適用されます。

■ 3．その他住宅税制で適用期限が延長される　特例措置

　住宅税制のうち、その適用期限が延長される主なものを掲げると、次表のとおりとなります。

特例措置	適用関係
1．リート及び特定目的会社が取得する不動産の特例措置《登録免許税・不動産取得税》 リート及び特定目的会社が取得する不動産について、以下の措置を講じる。 　●登録免許税　：移転登記に係る税率本則2％を1.3%に軽減 　●不動産取得税：課税標準から3/5を控除	令和5年4月1日～令和7年3月31日まで2年間延長
2．買取再販で扱われる住宅の取得等に係る特例措置《不動産取得税》 買取再販事業者が既存住宅を取得して一定のリフォームを行う場合に、以下のとおり減額。 　●住宅部分：築年数に応じて一定額を減額。 　●敷地部分：対象住宅が安心R住宅である場合又は既存住宅売買瑕疵担保責任保険に加入する場合に、住宅の床面積の2倍に当たる土地面積相当分の価額等を減額	令和5年4月1日～令和7年3月31日まで2年間延長
3．サービス付き高齢者向け住宅供給促進税制《不動産取得税・固定資産税》 　●固定資産税　：2/3を参酌して1/2以上5/6以下の範囲内で条例で定める割合を5年間減額。 　●不動産取得税：住宅について課税標準から1,200万円を控除　土地については、税額から150万円又は家屋の床面積の2倍（200㎡を限度）相当額のいずれか大きい額に税率を乗じた額とする。	令和5年4月1日～令和7年3月31日まで2年間延長
4．既存建築物の耐震改修投資促進のための特例措置《固定資産税》 病院・ホテル・旅館等の耐震診断義務付け建物について、耐震改修工事を行った場合に、固定資産税の1/2を2年間減額。	令和5年4月1日～令和7年3月31日まで2年間延長
5．防災街区整備事業の施行に伴う新築施設建築物に係る税額の減額措置《固定資産税》 密集法に基づく防災街区整備事業に伴い従前の権利者に与えられる防災施設建築物の権利床・建物部分に係る固定資産税額を、新築後5年間1/3～2/3に減額。	令和5年4月1日～令和7年3月31日まで2年間延長

Ⅲ 土地税制は、こうなる!!

■ 1. 低未利用土地等を譲渡した場合の長期譲渡所得の 100万円特別控除の拡充・延長《個人》

(1) 改正の背景と特例措置の概要

　「低未利用土地等」とは、都市計画区域内にある居住用・事業用その他の用途にも供されておらず、その周辺地域における同一の用途等に供されている土地の利用状況に比べ、著しく劣っていると認められる土地（低利用土地）又はその低未利用土地の上に存する権利（以下「低未利用土地等」といいます）のことです。

　昨今の人口減少の進展等に伴い、更に利用ニーズが低下し、このような低未利用土地等が増加することが予測されています。そこで、新たな利用意向を示す者への土地の譲渡を促進し、適切な利用方法や管理者を確保するとともに、更なる所有者不明土地等の発生を予防するため、令和2年7月1日〜令和4年12月31日の間に、個人がその年1月1日において所有期間が5年を超える長期保有土地等を500万円以下で譲渡した場合には、長期譲渡所得の金額から100万円を控除することができました。

（注）適用対象となるのは、低未利用土地であること及び買主が利用意向を有することについて、市区町村が確認したものに限られます。

（2）改正の内容

　今回、この特例の適用期限が令和7年12月31日まで3年間延長されるとともに、譲渡価額の上限が500万円以下とされる、次表に掲げる土地については、その譲渡価額の上限が800万円以下に引き上げられました。

イ	市街化区域又は非線引き都市計画区域のうち用途地域設定区域に所在する土地
ロ	所有者不明土地の利用の円滑化等に関する特別措置法に規定する所有者不明土地対策計画を策定した自治体の都市計画区域内に所在する土地

　また、従来はこの低未利用地取得後の利用方法についての制約はありませんでしたが、今回の改正では、いわゆるコインパーキングが除外されました。

　ただし、低未利用土地等の譲渡には、譲渡所得の基因となる不動産の貸付けが含まれます。

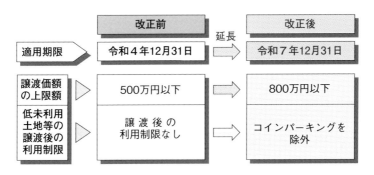

■この特例の適用が受けられない場合

　次に掲げる事項に該当する場合には、この特例の適用を受けることはできません。

> イ. 譲渡人の配偶者その他の譲渡人と特別の関係がある者に対する譲渡
> ロ. その譲渡価額が800万円を超えるもの
> ハ. 次に掲げる特例の適用を受けるもの
> 　（イ）　固定資産の交換
> 　（ロ）　収用等に伴い代替資産を取得した場合の課税の特例
> 　（ハ）　交換処分等に伴い資産を取得した場合の課税の特例
> 　（ニ）　換地処分等に伴い資産を取得した場合の課税の特例
> 　（ホ）　収用交換等の場合の5,000万円特別控除　などの特例
> ニ. 分筆された土地等

 **適用時期**　上記の改正は、令和5年1月1日以後に行う低未利用土地等の譲渡について適用されます。

■2.　優良住宅地の造成等のために土地等を譲渡した場合の長期譲渡所得の課税の特例の見直しと延長《個人・法人》

（1）改正の背景と特例の概要

　良好な環境を備えた住宅や宅地開発を行うには、規模が大きく事業期間も長いため事業コストやリスク等も高くなり、市場原理に託すだけでは十分な供給には結びつきません。

　そこで、税制上の特例措置を設けて、一定の優良な事業を行う民間事業者等の用地取得を円滑化し、事業期間の短縮を図り、かつ、事業コストの軽減を図ることが必要とされます。

■一定の優良な事業の範囲

○都市開発法による第一種市街地開発事業

○密集市街地整備法による防災街区整備事業

○都市計画法の開発許可を受けて行う1,000㎡以上の住宅地造成事業

○都市計画区域内における25戸以上の住宅又は15戸以上若しくは床面積が1,000㎡以上の中高層の耐火共同住宅の建設　　　等

そのため、個人が昭和26年10月1日から令和4年12月31日までの間に、個人が有する土地等で、その譲渡の年の1月1日において所有期間が5年を超える土地等を、優良住宅地の造成等のために譲渡した場合の所得税額の計算については、一般の譲渡所得の計算とは分離して、次の算式によって計算した軽減された所得税等が課税される特例措置が設けられています。

①	課税長期譲渡所得金額が2,000万円以下の場合 　課税長期譲渡所得金額×10％（所得税） 　課税長期譲渡所得金額× 4 ％（個人住民税）
②	課税長期譲渡所得金額が2,000万円超の場合 　200万円＋（課税長期譲渡所得金額－2,000万円）×15％（所得税） 　80万円＋（課税長期譲渡所得金額－2,000万円）× 5 ％（個人住民税）

（2）特例措置の改正内容

令和5年度の改正により、この特例の対象事業の一部見直しと適用期限の3年間（令和5年1月1日～令和7年12月31日）の延長が行われました。

■適用対象事業の見直し

①	適用対象から特定の民間再開発事業の用に供するための土地等の譲渡が除外されました。
②	開発許可を受けて住宅建設の用に供される一団の宅地の造成を行う者に対する土地等の譲渡に係る開発許可について、次に掲げる区域内において行われる開発行為に係るものに限定されました。 イ　市街化区域 ロ　市街化調整区域 ハ　区域区分に関する都市計画が定められていない都市計画区域（用途地域が定められている区域に限ります。）

 上記２の改正は、令和５年１月１日以後の譲渡について適用されます。

■ 3. 土地の所有権移転及び保存登記に係る　登録免許税の軽減措置の適用期限の延長《法人・個人》

　土地の売買による所有権の移転登記にかかる登録免許税の税率は、本則税率は2.0%ですが、令和５年３月31日までの期間内に限り、1.5%に軽減されています。また、土地の所有権の信託登記をする場合の登録免許税の税率も、本則税率は0.4%ですが、令和５年３月31日までの期間内に限り、0.3%に軽減されています。

登記の区分	本則税率	軽減税率
土地の売買による所有権の移転登記	2.0%	1.5%
土地の信託登記	0.4%	0.3%

　今回、この軽減税率の適用期限が、令和５年４月１日から令和８年３月31日まで、３年間延長されました。

Ⅳ その他所得課税は、こうなる!!

■ 1. 個人の特定非常災害に係る資産損失の
繰越控除の見直し《所得税・個人事業税》

　特定非常災害の指定を受けた災害により、①事業所得者等が有する事業用資産等について損失を受けた場合の純損失や②個人が有する住宅や家財等について損失を受けた場合の雑損控除適用後の雑損失については、それぞれ3年間の繰越控除が認められていますが、その控除期間が5年間に延長される等の改正が行われました。

❶　事業所得者等が有する棚卸資産や事業用資産等について損失を受けた場合
　事業所得者等が有する棚卸資産や事業用資産等（土地等を除きます）につき特定非常災害の指定を受けた災害により生じた損失《特定被災事業用資産の純損失》について、次に掲げるものの繰越控除期間は5年とされました。（個人事業税についても、同様です。）

特定被災事業用資産の損失割合		5年間繰越控除できる事業用資産等の損失額
10%以上の場合	青色申告者	その年分の純損失の総額 （特定被災事業用資産の純損失を含みます）
	白色申告者	その年に発生した「特定被災事業用資産の純損失＋変動所得の純損失」の合計額
10%未満の場合		特定被災事業用資産の純損失の金額

❷　個人が有する住宅や家財等について損失を受けた場合

　個人の有する住宅や家財等につき特定非常災害の指定を受けた災害により生じた損失について、雑損控除を適用してその年分の総所得金額等から控除しても控除しきれない損失額についての繰越期間が５年（改正前：３年）とされました。

上記❶及び❷の改正は、令和５年４月１日以後の特定非常災害によって生じた損失について適用されます。

■ ２．国外転出時課税制度の納税猶予の特例の 適用手続きの簡素化

（1）改正の背景と制度の概要

　スタートアップが海外進出する際、立上げ準備等のために、役員・従業員等が海外に赴任するケースがありますが、スタートアップ株式を含む有価証券等を１億円以上所有する場合、国外転出時課税制度の対象となります。

　この国外転出時課税制度とは、国外に転出する時点で１億円以上の有価証券等、未決済信用取引等又は未決済デリバティブ取引（以下「対象資産」といいます。）を所有等している場合には、一定の居住者に対して、国外転出の時に、その対象資産の譲渡又は決済（以下「譲渡等」といいます。）があったものとみなして、対象資産の含み益に対して所得税が課税される制度です。

　その場合、所得税を納めない者に対しては納税猶予の特例が設けられていますが、納税猶予の特例を適用する場合には、担保の提供が必要です。財産のほとんどが非上場株式で他に納税猶予の担保物件がないなどの場合には、一定の要件を満たす場合に限り担保として認められます。ただ、現実には株券不発行会社が多く、その手続きは複雑で時間も相当要することになります。

(2) 改正の内容

　そこで、令和5年度の税制改正において、スタートアップの海外進出を迅速に促進するため、株券不発行会社の非上場株式でも、質権設定を行うことで、株券不発行でも担保提供を可能にするとともに、持分会社の持分の担保提供も可能とする改正が行われました。

■改正のイメージ図

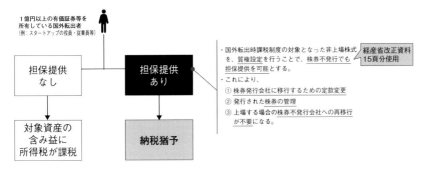

（経済産業省 令和4年12月「令和5年度（2023年度）経済産業関係 税制改正について」）

❶　非上場株式を担保として提供する場合の手続き

　納税猶予の適用を受けようとする者が質権の設定がされていないこと等の要件を満たす非上場株式を担保として提供する場合、その者がその非上場株式を担保として提供することを約する書類その他の書類を税務署長に提出するときは、その株券を発行せずにその担保の提供ができることとされました。

❷　持分会社の社員の持分を担保として提供することを約する書類等の提出

　納税猶予の適用を受けようとする者は、その有する質権の設定がされていないこと等の要件を満たす持分会社の社員の持分について、その者が当該持分会社の社員の持分を担保として提供することを約する書類その他の書類を税務署長に提出する場合には、その担保の提供ができることとされました。

贈与等により、非居住者に資産が移転した場合の譲渡所得等の特例
の適用がある場合の、納税猶予についても、同様です。

■ 3．年末調整等関係書類の事務手続きの簡素化 ■

　給与所得者が年末に会社等に提出しなければならない扶養控除等申告書
と保険料控除申告書が簡素化されました。

①　給与所得者の扶養控除等申告書

　給与所得者の扶養控除等申告書について、その申告書に記載すべき事項
がその年の前年の申告内容と異動がない場合には、その記載すべき事項の
記載に代えて、その異動がない旨の記載によることができることとされま
した。

上記の改正は、令和7年1月1日以後に支払を受けるべき給
与等について提出する給与所得者の扶養控除等申告書につい
て適用されます。

②　給与所得者の保険料控除申告書

　給与所得者の保険料控除申告書について、次に掲げる事項の記載を要し
ないこととされます。

　　イ　一にする配偶者その他の親族の負担すべき社会保険料を支払った場
　　　合のこれらの者の申告者との続柄

　　ロ　生命保険料控除の対象となる支払保険料等に係る保険金等の受取人
　　　の申告者との続柄

上記の改正は、令和6年10月1日以後に提出する給与所得者
の保険料控除申告書について適用されます。

■ 4．個人事業者の事業の開始・廃止に伴う 届出書等の記載の簡素化

　個人事業者がその事業の開始時、廃止時の届出書を一括で行えるようにする他、納期の特例に関する承認の届出の記載事項の簡素化を行うことになりました。

① 　個人事業の開業・廃業等届出書

　個人事業の開業・廃業等届出書について、その提出期限をその事業の開始等の事実があった日の属する年分の確定申告期限とするとともに、事務所等を移転する場合のその提出先を納税地の所轄税務署長とするほか、記載事項の簡素化を行いました。

② 　青色申告書による申告をやめる旨の届出書

　青色申告書による申告をやめる旨の届出書について、その提出期限をその申告をやめようとする年分の確定申告期限とするとともに、記載事項の簡素化を行いました。

③ 　届出書等

　次に掲げる届出書等について、記載事項の簡素化を行いました。

　　イ　納期の特例に関する承認の申請書

　　ロ　青色申告承認申請書及び青色専従者給与に関する届出書

　　ハ　給与等の支払をする事務所の開設等の届出書

**適用時期**　　上記①の改正は、令和8年1月1日以後の事業の開始等について、上記②の改正は、令和8年分以後の所得税について、上記③イの改正は、令和9年1月分以後の承認申請について、上記③ロの改正は、令和9年分以後の所得税について、上記③ハの改正は、令和9年1月1日以後の事務所の開設等について、それぞれ適用されます。

相続・贈与課税（相続税贈与税）編

──どこが どう変わるか？──

I 相続・贈与課税は、こうなる!!

　相続税・贈与税は、資産の再分配機能を果たすうえで重要な役割を担っています。そのため、高齢世代の資産が適切な負担を伴うことなく新世代に引き継がれることになれば、世代間格差を固定することになるとして、令和5年度の税制改正において、資産の早期世代間移転がスムースに行われるよう、相続時精算課税制度の使い勝手の向上を中心とした見直しが行われました。

■ 1. 相続時精算課税制度の見直し ■

（1）相続時精算課税に係る基礎控除の特例の創設

❶　相続時精算課税制度の概要

　相続時精算課税制度は、従来の暦年単位の贈与税制度に代えて、贈与税・相続税を通じた課税制度を選択できる制度です。特定贈与者である父母・祖父母から贈与者の推定相続人である子・孫（相続時精算課税適用者）への贈与で、その累積贈与額が2,500万円以内なら何回贈与しても贈与税は課税されませんが、2,500万円を超えると、その超える部分の贈与額に対して一律に20％で贈与税が課税されます。

　そして、贈与者が死亡すると、その時点までの累積贈与額を相続財産に加算して相続税額を計算し、それまでに納めた贈与税額を差し引くという制度です。

　ただし、この相続時精算課税制度を選択すると、暦年贈与課税には戻れず、たとえ10万円、20万円の贈与であっても、毎年、贈与税の申告が必要とされる制度です。

用語の説明 　「特定贈与者」とは、相続時精算課税制度を選択している推定相続人である子又は孫（相続時精算課税適用者）に対して贈与を行う父母又は祖父母（財産を贈与する年の１月１日現在において満60歳以上である者）のことです。

　また、「**相続時精算課税適用者**」とは、上記の特定贈与者からの贈与を受ける受贈者で、以下に掲げる要件を満たす受贈者です。
① 「相続時精算課税選択届出書」を提出した者
② 受贈者は、贈与者の推定相続人であること
③ 特定贈与者から財産の贈与を受けた年の１月１日において18歳以上である者

❷ 　相続時精算課税に係る贈与税の110万円控除《基礎控除》の特例の創設
　　相続時精算課税適用者が特定贈与者から贈与により取得した財産に係るその年分の贈与税については、現行の贈与税の暦年課税の110万円の基礎控除とは別途、課税価格から基礎控除110万円を控除できる特例制度が創設されるとともに、特定贈与者の死亡に伴い相続税の課税価格に加算等されることになる特定贈与者からの贈与により取得した財産の価額は、上記の基礎控除額を控除した後の残額とされることになりました。

適用時期 　上記❷の改正は、令和６年１月１日以後に贈与により取得する財産に係る相続税又は贈与税について適用されます。

【図で確認する基礎控除の利用法】
① 　暦年課税における110万円の基礎控除のみを利用する場合
●父と祖父が「暦年贈与」で基礎控除を利用する場合

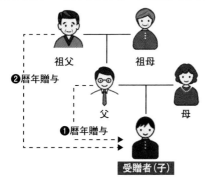

❶と❷で、合わせて
基礎控除 110万円
❶ ＋ ❷ ＝110万円

∴110万円の控除額と
なります。

② 暦年課税における110万円基礎控除及び相続時精算課税制度の110万円
基礎控除を利用する場合

● 父と祖父が「相続時精算課税」特例の110万円基礎控除を利用し、母が「暦
年課税」の110万円の基礎控除を利用する場合

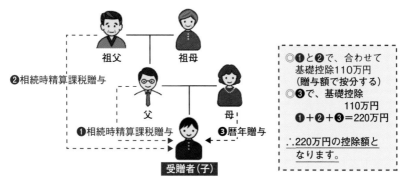

上図②のように、相続時精算課税制度に基礎控除110万円が設けられた
ことから、母の暦年贈与による基礎控除110万円、父と祖父の相続時精算
課税特例の基礎控除110万円の2つの基礎控除が使え、合計額が最大220
万円までは課税されません。

また、**両親ともに相続時精算課税制度を適用している場合**は、例えば、
父から250万円、母から150万円の贈与がある場合の基礎控除は、各々の
贈与額の按分計算となります。

$$父 \quad 110万円 \quad \times \quad \frac{250万円}{250万円+150万円} \quad = \underline{687,500円}$$

$$母 \quad 110万円 \quad \times \quad \frac{150万円}{250万円+150万円} \quad = \underline{412,500円}$$

また、相続発生時に相続税の課税価格に加算される贈与財産の価額は、
基礎控除を引いた額となるので、暦年課税を選択した場合よりも有利になり
ます。更に、何年も積み重ねれば、例えば、10年で1,100万円が非課税

となります。

(2) 災害により相続時精算課税適用財産に被害を受けた場合の救済措置の創設

　相続時精算課税適用者が、特定贈与者からの贈与により取得した一定の土地又は建物が、次の①及び②に掲げる事由に該当する場合に限り、相続税の課税価格への加算等の基礎となるその土地又は建物の価額は、その贈与の時における価額から災害によって被害を受けた部分に対応する金額として政令で定めるところにより計算した金額を控除した残額とされました。

---

①　贈与を受けた日から特定贈与者の死亡に伴う相続税の期限内申告書の提出期限までの間に震災、風水害、火災その他一定の災害によって相当の被害を受けた場合で、

②　相続時精算課税適用者がその土地又は建物の贈与を受けた日からその災害が発生した日まで引き続き所有していた場合

 上記（2）の改正は、令和6年1月1日以後に生ずる災害により被害を受ける場合について適用されます。

■相続時精算課税の見直し

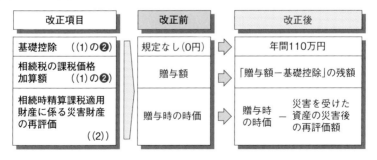

改正項目	改正前	改正後
基礎控除　　　（(1)の❷)	規定なし(0円)	年間110万円
相続税の課税価格加算額　　　 （(1)の❷)	贈与額	「贈与額－基礎控除」の残額
相続時精算課税適用財産に係る災害財産の再評価　　　　（(2))	贈与時の時価	贈与時の時価 － 災害を受けた資産の災害後の再評価額

■「相続時精算課税」・「暦年課税」における贈与税・相続税の関係

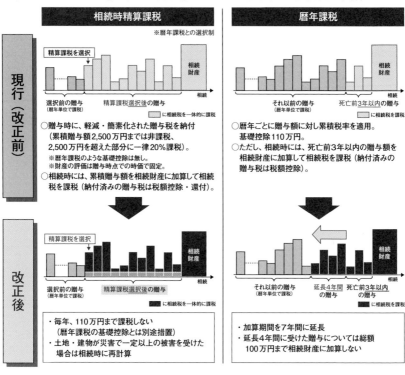

（財務省 令和5年2月「令和5年度税制改正（案）のポイント」）

■ 2. 相続税の課税価格への加算期間が7年に延長

❶ 改正の背景と改正の内容

　岸田内閣では、相続税・贈与税を、子や孫に資産を渡す時期に左右され
ない中立的な制度に見直すこととし、生前贈与がなくなった後の相続で税
負担に大きな差が生じる現状を改め、若年層の資金需要があるタイミング
で、贈与できる効果も期待できる制度としています。贈与税は、相続税の

負担を回避することを防止する観点から、相続税率に比して税負担率が高くなっています。

　贈与税は、①毎年110万円までの贈与については課税しないこととする基礎控除が設けられている「暦年課税」と、②贈与の累積額が2,500万円までの贈与については税負担が発生しないこととする「相続時精算課税」の2つの制度がありますが、今回の改正では、この2つの制度とも見直すこととされました。

　「暦年課税」は年110万円までの贈与は非課税で、110万円を超える部分に課税されます。現行（改正前）の制度では、死亡前3年間に贈与した分は相続財産として扱われ、相続税申告の際に加算されることになっています。

　改正後は、遡る期間を3年から7年に延長し、延長した4年間に受けた贈与については、総額100万円までは相続財産に加算しないことになりました。

❷　改正の効果

　今回の改正は、「暦年贈与」を利用して相続税対策を行う人にとっては、死亡前の税負担が重くなる期間が長くなりますので、生前贈与を前倒しする行動につながり、結婚や育児などでお金がかかる若い世代への贈与を促すことにつながるという見方をされています。

　この改正は、令和6年1月1日以降に受けた贈与から適用対象になりますので、3年後の令和9年1月1日以降、加算期間が順次延長され、最初は4年、そして、5年、6年、7年と増えていきますが、加算期間が7年になるのは、令和13年1月1日以降です。

　したがって、令和9年以降の4年間に受けた贈与については、総額100万円までは相続税の課税財産に加算されません。

 **適用時期**　上記の改正は、令和6年1月1日以後に贈与により取得する財産に係る相続税について適用されます。

■ 3. 更正ができない6か月以内に相続税の更正が された場合の措置の創設 ■

（1）改正の背景

　相続税の除斥期間は申告期限から5年を経過する日までとされていることから、除斥期間が満了する日前6か月以内に、ある相続人から更正の請求があったとき、請求をした本人は請求があった日から6か月を経過する日まで除斥期間が延長されるのに、共同相続人である他の者は除斥期間が延長されませんでした。

　そのため、不利益を被る他の相続人の救済措置として、他の相続人も同様の措置が受けられることになりました。

（2）更正の請求の期間制限の特則の見直し

　更正をすることができないこととなる日前6か月以内に相続税の更正の請求がされた場合、その請求に係る更正に伴いその請求をした者の被相続人から相続等により財産を取得した他の者に係る課税価格等に異動を生ずるとき（他の者に係る通常の更正決定等の除斥期間が満了する日以前にその請求がされた場合に限ります。）は、他の者の相続税に係る更正若しくは決定又はその更正若しくは決定等に伴う加算税の賦課決定は、その請求があった日から6か月を経過する日まで行うことができることとされました。

 **適用時期**　上記の改正は、令和5年4月1日以後に申告書の提出期限が到来する相続税について適用されます。

■ 4．医業継続に係る相続税・贈与税の
納税猶予等の特例措置の延長等
～ 認定医療法人認定後の「移行期間」の延長・緩和～

❶　医療法の改正に伴う税制の動き

　「持分あり医療法人」には、医療法人の相続税・贈与税の課税問題として、相続が発生すると、税負担等の関係から相続税支払いのために払戻請求が行われるなど、医療法人の経営基盤が揺らぐという課題があることから、医療法の改正により「持分あり医療法人」から「持分なし医療法人」への移行計画を、国が認定する制度が設けられています。

　この認定制度は、平成26年度の医療法改正によって、移行計画が妥当であると厚生労働大臣から認定を受けた「認定医療法人」に対して、出資者の死亡による相続税の納税猶予制度や出資者間のみなし贈与税の猶予等の特例措置が導入されています。

　更に、平成29年10月からは、出資者の持分放棄に伴い、本来は医療法人に課されるみなし贈与税を非課税とする措置も導入されています。

■現行「認定医療法人の課税の特例制度」のマトメ

①	相続税の納税猶予	出資者の死亡に伴い相続人がその出資持分を放棄した場合	相続税を免除
②	出資者間の贈与税の納税猶予	「持分なし医療法人」への移行過程において、出資者Aが持分を放棄した場合に、出資者Bも出資持分を放棄した場合	出資者Bに課されるみなし贈与税を免除
③	医療法人への贈与に係る贈与税の非課税	移行計画の認定を受けた医療法人の持分を有する出資者がその持分を放棄したことにより移行期限までに移行が完了した場合のその法人が受けた経済的利益	その法人が受けた経済的利益は贈与税非課税

❷　厚生労働大臣認定後の認定医療法人への「移行期間」の延長

　上記❶の「認定医療法人の課税の特例制度」は、適用期限が令和5年9月31日までの措置であるため、今回の改正で、令和8年12月31日まで3

年3か月延長することとされました。

❸ 厚生労働大臣認定後の認定医療法人への「移行期限」3年以内を5年以内に緩和

　また、認定を受けた医療法人の中には、その後の出資者との調整期間の不足等により、認定から3年以内に出資者からの出資放棄の同意を得ることができず、認定医療法人制度を活用できなかった法人も存在するため、移行期限を2年延長し、5年以内（改正前3年以内）に緩和されました。

II 贈与税は、こうなる!!

直系尊属である祖父母や両親《贈与者》から、一定の期間内に子や孫名義の金融機関の口座等に、教育資金、結婚・出産・子育て資金として、一括して贈与を受けた場合、その資金については、一定額まで贈与税を非課税とする贈与税の特例が設けられています。

この特例について、次の改正が行われました。

■ 1. 直系尊属から教育資金の一括贈与を受けた場合の 贈与税の非課税措置の延長

(1) 制度の概要

平成25年4月1日から令和5年3月31日までの間に、30歳未満等で、前年の合計所得金額が1,000万円以下である受贈者の教育資金に充てるために、その直系尊属が次に掲げる金融機関との教育資金管理契約を締結し、その契約に基づいて、贈与した信託受益金又は金銭等の価額のうち学校等に直接支払われる金銭が1,500万円に達するまでの金額(学校等以外の者に直接支払われる金銭で社会通念上、教育資金の支出として相当と認められる金銭にあっては、500万円に達するまでの金額)については、贈与税を非課税とする制度です。

ただし、この契約終了時において、非課税拠出額から教育資金支出額を控除した残額《管理残額》がある場合、その残額は、その契約終了時に贈与があったものとみなされ、その年の贈与税の課税価格の合計額が基礎控除を超える場合には、贈与税の申告が必要とされています。

また、契約期間中に贈与者が死亡した場合には、原則として、その死亡

日における非課税拠出額から教育資金支出額を控除した残額に、一定期間内にその贈与者から取得した信託受益権又は金銭等のうち、この非課税制度の適用を受けたものに相当する部分の価額がその非課税拠出額のうちに占める割合を乗じて算出した金額《管理残額》を、贈与者から相続等により取得したものとされます。

■金融機関との「教育資金管理契約」

（この契約のいずれかの事由に該当すれば契約は終了します。）

① 受贈者が30才に達した日（在学中等を除く）
② 30歳以上の受贈者が金融機関に届け出なかった年の12月末日
③ 30歳以上の受贈者が40歳に達した日
④ 受贈者が死亡した日
⑤ 口座残高がゼロになった日

（2）改正の概要

❶ 適用期限の延長

この特例は、令和5年3月31日に適用期限を迎えますが、この適用期限を令和8年3月31日まで3年間延長したうえで、過度な節税の利用を防ぐために、以下の適用要件も改正されました。

❷ 非課税措置の見直し

① 契約期間中に贈与者が死亡した場合

契約期間中に贈与者が死亡した場合、残金は相続財産として扱われ、孫や子が23才未満や在学中の場合などを除き、期間を問わず、残余資金については相続税の課税対象となり、「特例税率」ではなく、「一般税率」が適用されます。

また、相続人でない場合は、相続税の２割加算の対象とされます。

なお、相続時精算課税制度を適用している場合は、その方式によります。

　　　　贈与者死亡時の残金は、相続財産となり、相続人でない孫の場合は２割加算となりますが、以下の場合は、この加算の適用はありません。

イ．23歳未満である場合

ロ．学校等に在学している場合

ハ．教育訓練給付金の支払対象となる教育訓練を受講しているもの

② 　契約期間中に死亡した贈与者の相続財産が５億円以上である場合

　信託等があった日から教育資金管理契約の終了日までの間に贈与者が死亡した場合には、その贈与者の死亡に係る相続税の課税価格の合計額が５億円を超えるときは、受贈者が23歳未満である場合等であっても、その死亡の日における非課税拠出額から教育資金支出額を控除した残額を、受贈者が贈与者から相続等により取得したものとみなすこととされました。

■契約期間中に死亡した贈与者の相続財産が５億円以上である場合

　　上記の改正は、令和５年４月１日以後に取得する信託受益権等に係る相続税について適用されます。

③　受贈者が30歳に達した場合の贈与者に課す贈与税の計算

　受贈者が30歳に達した場合に、贈与者に課す贈与税率は、一般税率を適用することになります。

 **適用時期**　上記の改正は、令和5年4月1日以後に取得する信託受益権等に係る贈与税について適用されます。

④　教育資金の範囲の拡大

　この特例の適用対象範囲が拡大され、「都道府県知事等から国家戦略特別区域内に存する外国の保育士資格を有する者の人員配置基準等の一定の基準を満たす旨の証明書の交付を受けた認可外保育施設に支払われる保育料等」が加えられました。

 適用時期　上記の改正は、令和5年4月1日以後に支払われる教育資金について適用されます。

■ 2. 直系尊属から結婚・子育て資金の一括贈与を受けた場合の非課税措置の見直しと延長

　18歳〜50歳未満の子や孫に1,000万円までの結婚資金・子育て資金を一括贈与した場合の非課税措置も、教育資金贈与の特例と同じく終了時の残額に贈与税が課されるときは、「一般税率」を適用するなどの見直しを行った上で適用期限が2年延長されました。

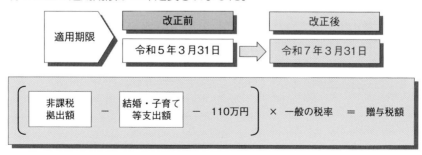

（注）相続時精算課税制度を適用している場合は、その方式によります。

法人課税（法人税・消費課税）編

——どこが どう変わるか？——

I 中小企業税制は、こうなる!!

■ 1. 中小企業等経営強化法に基づく一定の機械・装置の 固定資産税の軽減措置の創設

　中小企業等経営強化法に規定する市町村の導入促進基本計画に適合し、かつ、労働生産性を年平均3％以上向上させるものとして認定を受けた中小事業者等の先端設備等導入計画に記載された一定の機械・装置等であって、生産・販売活動等の用に直接供されるものに係る固定資産税について、市町村の認定を受けた先端設備等導入計画において、①賃上げ表明に関する記載があった中小企業については、令和5年4月1日から令和6年3月末までに設備を取得したものについては5年間、令和6年4月1日から令和7年3月末までに取得したものについては4年間、課税標準を3分の1に軽減し、②記載なしの中小企業については3年間、課税標準を2分の1に軽減する特例措置が創設され、適用期限が令和7年3月31日までの2年間に取得したものに限り適用することとされました。

■中小企業等経営強化法に基づく一定の機械・装置の固定資産税の軽減措置

特例措置の 対象企業	市町村から先端設備等導入計画の認定を受け、かつ、資本金１億円以下等の税制上の要件を満たす中小企業			
計画認定 要件	３〜５年の計画期間における労働生産性が年平均３％以上向上する等、基本方針や市町村の導入促進基本計画に沿ったものであること			
対象設備等	設備の種類	最低価額要件	投資利益率要件	
	①機械及び装置	160万円以上	投資利益率が年率５％以上の投資計画に記載された設備（認定経営革新等支援機関が確認）	
	②測定工具及び検査工具	30万円以上		
	③器具備品	30万円以上		
	④建物附属設備	60万円以上		
特例措置	固定資産税（通常、評価額の1.4％） ・計画中に賃上げ表明に関する記載なし：３年間、課税標準を１／２に軽減 ・計画中に賃上げ表明に関する記載あり：以下の期間、課税標準を１／３に軽減 　①令和６年３月末までに設備取得：５年間 　②令和７年３月末までに設備取得：４年間			
適用期限	２年間（令和７年３月31日までに取得したもの）			

（経済産業省 令和４年12月『令和５年度（2023年度）経済産業関係 税制改正について』）

　市町村の認定を受けた先端設備等導入計画において、「賃上げ表明に関する記載があった」とは、中小事業者等が国内の雇用者に対して給与等を支給する場合に、同計画の認定申請日の属する事業年度（令和5年4月1日以後に開始する事業年度に限ります。）又はその申請日の属する事業年度の翌事業年度の雇用者給与等支給額の増加割合を、申請日の属する事業年度の直前の事業年度における雇用者給与等支給額の実績と比較して1.5％以上とすることを同計画に位置付けるとともに、これを労働者に表明したことを証明する書類を同計画に添付して市町村の認定を受けた場合のことです。

「中小事業者等」とは、次の法人又は個人をいいます。ただし、発行済株式総数の２分の１以上が同一の大規模法人により所有されている法人等を除きます。

イ　資本金の額又は出資金の額が１億円以下の法人

ロ　資本又は出資を有しない法人の場合、常時使用する従業員の数が1,000人以下の法人

ハ　常時使用する従業員の数が1,000人以下の個人

また、「一定の機械・装置等」とは、次の全てを満たすものとされています。

イ　年平均の投資利益率が５％以上となることが見込まれる投資計画に記載されたもの

ロ　次に掲げる資産の区分に応じ、１台又は１基の取得価額がそれぞれ次に定める額以上であるもの

（イ）機械・装置　　　　　160万円
（ロ）測定工具及び検査工具　30万円
（ハ）器具・備品　　　　　30万円
（ニ）建物附属設備（家屋と一体となって効用を果たすものを除く。）　60万円

■ ２．中小企業等の法人税の軽減税率の特例の延長 ■

中小企業者等の法人税率は、年800万円超の所得金額については23.2%（本則税率）とされていますが、年800万円以下の所得金額については19%（本則軽減税率）に軽減されています。

ただし、租税特別措置法の軽減税率の特例において、更に、令和３年４月１日から令和５年３月31日までの間に開始する各事業年度については、15%に軽減されています。

平成５年度の改正において、この15％の軽減税率の特例が、２年間延長され、令和７年３月31日まで適用されることとされました。

適用対象法人の特例	本則税率（本則軽減税率）		軽減税率の特例
大法人 （資本金１億円超の法人）	所得区分　なし	23.2%	―
中小法人 （資本金１億円以内の法人）	年800万円超の所得金額	23.2%	―
	年800万円以下の所得金額	（19%）	15%

■ 3．中小企業投資促進税制の見直し

　中小企業投資促進税制は、中小企業における生産性向上を図るため、一定の設備投資を行った場合に、税額控除（７％）又は特別償却（30％）の適用を認める措置です。

　７％の税額控除は、個人事業主及び資本金3,000万円以下の中小企業者に限り認められています。資本金3,000万円超１億円以下の中小企業者は、30%の特別償却のみの適用となります。

❶　適用期限の延長

　物価高・新型コロナ禍等の中、設備投資に取り組む中小企業を支援するため適用期限を２年間延長し、令和７年３月31日までとされました。

❷　適用対象資産の縮減

　節税対策として利用されることから、コインランドリー業を除外することになりましたが、中小企業者等の主要な事業用として利用されている機械装置は、除外対象とはなりません。

　また、総トン数500トン以上の船舶にあっては、環境への負荷の低減に資する設備の設置状況等を国土交通大臣に届け出た船舶のみに限定されました。

事業の用に供する設備でおおむねその設備の全部の管理を他の者に委託している機械装置で、コインランドリー業の用に供するものは、対象外となります。

■制度の概要【適用：令和7年3月31日まで】

※欄外の赤字は、令和5年度改正による変更点です。

対象者	・中小企業者等（資本金額1億円以下の法人、農業協同組合、商店街振興組合等） ・従業員数1,000人以下の個人事業主
対象業種	製造業、建設業、農業、林業、漁業、水産養殖業、鉱業、卸売業、道路貨物運送業、倉庫業、港湾運送業、ガス業、小売業、料理店業その他の飲食店業（料亭、バー、キャバレー、ナイトクラブその他これらに類する事業については生活衛生同業組合の組合員が行うものに限る。）、一般旅客自動車運送業、海洋運輸業及び沿海運輸業、内航船舶貸渡業、旅行業、こん包業、郵便業、通信業、損害保険代理業及びサービス業（映画業以外の娯楽業を除く）、不動産業、物品賃貸業 ※性風俗関連特殊営業に該当するものは除く
対象設備	・機械及び装置【1台160万円以上】 ・測定工具及び検査工具【1台120万円以上、1台30万円以上かつ複数合計120万円以上】 ・一定のソフトウェア【一のソフトウェアが70万円以上、複数合計70万円以上】 ※複写して販売するための原本、開発研究用のもの、サーバー用OSのうち一定のものなどは除く ・貨物自動車（車両総重量3.5トン以上） ・内航船舶（取得価格の75％が対象）
措置内容	個人事業主 資本金3,000万円以下の中小企業　　　30％特別償却　又は7％税額控除 資本金3,000万円超の中小企業　　　30％特別償却

※①中古品、②貸付の用に供する設備、③匿名組合契約等の目的である事業の用に供する設備、④その管理のおおむね全部を他の者に委託する機械装置で、コインランドリー業（その中小企業者等の主要な事業であるものを除く。）の用に供するものは対象外
※総トン数500トン以上の内航船舶については、船舶の環境への負荷の状況等に係る国土交通省への届出が必要

（経済産業省　令和4年12月『令和5年度（2023年度）経済産業関係 税制改正について』）

■ 4．中小企業経営強化税制の見直し ■

中小企業経営強化税制は、中小企業の稼ぐ力を向上させる取組みを支援するため、中小企業等経営強化法による認定を受けた計画に基づく設備投資について、特別償却又は税額控除（資本金3,000万円以下の特定中小企業者等の場合は10％、その他の法人等の場合は7％）のいずれかの適用を認める措置です。

❶ 適用期限の延長

物価高や新型コロナ禍等の中、中小企業の生産性向上やDXに資する投資を後押しするため、中小企業経営強化税制の適用期限を令和7年3月31日まで2年間延長されました。

❷ 適用対象資産の縮減

コインランドリー業やビットコイン等の暗号資産マイニング業に節税策として利用されることから、その管理のおおむね全部を他の者に委託する資産で、コインランドリー業又は暗号資産マイニング業の用に供する資産が適用対象から除外されました。

指定事業	特定経営力向上設備等	
	改正前	改正後
コインランドリー業	◎	×（除外）＊
暗号資産マイニング業	◎	×（除外）

＊中小企業等が主要な事業として行うものは除かれます。

■制度の概要

類型	要件	確認者	対象設備	その他要件
生産性向上設備 （A類型）	生産性が旧モデル比平均1％以上向上する設備	工業会等	機械装置 （160万円以上）	・生産等設備を構成するもの ※事務用器具備品・本店・寄宿舎等に係る建物付属設備、福利厚生施設に係るものは該当しません。 ・国内への投資であること ・中古資産・貸付資産でないこと等
収益力強化設備 （B類型）	投資収益率が年平均5％以上の投資計画に係る設備	経済産業局	工具（30万円以上） （A類型の場合、測定工具又は検査工具に限る） 器具備品 （30万円以上） 建物附属設備 （60万円以上） ソフトウェア （70万円以上） （A類型の場合、設備の稼働状況等に係る情報収集機能及び分析・指示機能を有するものに限る）	
デジタル化設備 （C類型）	可視化、遠隔操作、自動制御化のいずれかに該当する設備			
経営資源集約化設備 （D類型）	修正ROA又は有形固定資産回転率が一定割合以上の投資計画に係る設備			

※1　発電用の機械装置、建物附属設備については、発電量のうち、販売を行うことが見込まれる電気の量が占める割合が2分の1を超える発電設備等を除きます。
また、発電設備等について税制措置を適用する場合は、経営力向上計画の認定申請時に報告書を提出する必要があります。
※2　医療保健業を行う事業者が取得又は製作をする器具備品（医療機器に限る）、建物附属設備を除きます。
※3　ソフトウェアについては、複写して販売するための原本、開発研究用のもの、サーバー用OSのうち一定のものなどを除きます。
※4　その管理のおおむね全部を他の者に委託する資産で、コインランドリー業又は暗号資産マイニング業（中小企業者等の主要な事業として行うものを除く。）の用に供するものを除きます。

（経済産業省　令和4年12月『令和5年度（2023年度）経済産業関係 税制改正について』）

■5．中小企業技術基盤強化税制の見直し

　試験研究開発税制の中小企業技術基盤強化税制の見直しでは、改正前の税額控除率と控除税額の上限に係る試験研究費割合が10％超の場合の上乗せ特例について、適用期限を３年間延長するとともに、基準年度比売上金額減少割合が２％以上等の場合における控除税額の上限に係る上乗せ特例（コロナ特例）は、適用期限をもって廃止されることになりました。

　なお、税額控除率の上限は17％となります。

増減試験研究費割合が12％超の場合	税額控除率	控除増額の上限
	12％＋（増減試験研究費割合－12％）×0.375	法人税額×10％を上乗せ

　イ　増減試験研究費割合が9.4％を超える場合の特例を増減試験研究費割合が12％を超える場合に、次のとおりとする特例に見直した上、その適用期限が３年延長されます。
　（イ）　税額控除率（12％）に、増減試験研究費割合から12％を控除した割合に0.375を乗じて計算した割合を加算します。
　（ロ）　控除税額の上限に当期の法人税額の10％を上乗せする。
　ロ　試験研究費の額が平均売上金額の10％を超える場合における税額控除率の特例及び控除税額の上限の上乗せ特例の適用期限を３年延長します。
　ハ　基準年度比売上金額減少割合が２％以上等の場合における控除税額の上限の上乗せ特例は、適用期限の到来をもって廃止します。

（注）税額控除率は、17%を上限とします。（改正前と同じ。）

改正前	改正後
税額控除率	税額控除率
試験研究費の12%〜17%	同左

試験研究費割合≦10%	試験研究費割合≦10%
(1) 12% (2) 増減試験研究費割合＞9.4% 12%＋{(増減試験研究費割合－9.4%)×0.35}	(1)　　　　　　同左 (2) 増減試験研究費割合＞12% 12%＋(増減試験研究費割合－12%)×0.375
試験研究費割合＞10%（上乗せ措置）	試験研究費割合＞10%（上乗せ措置）
(1) (2)の税額控除率＋((1) (2)の税額控除率)×(試験研究費割合－10%)×0.5	同左（3年延長）

改正前	改正後
控除上限額 ①法人税額×25%（原則）	控除上限額 ①法人税額×25%（原則）

上乗せ措置	上乗せ措置
(1) 増減試験研究費割合＞9.4%	(1) 増減試験研究費割合＞12%
①＋法人税額×10%	①＋法人税額×10% 3年延長
(2) 試験研究費割合＞10%	(2) 同左
①＋法人税額×{(試験研究費割合－10%)×2}	3年延長
(3) 基準年度比売上金額減少割合≧2%	(3) 廃止
①＋法人税額×5%	

Ⅱ 法人課税は、こうなる!!

■ 1. オープンイノベーション促進税制の拡充 ■
～ 特別新事業開拓事業者に対し特定事業活動として出資をした場合の課税の特例 ～

(1) スタートアップ支援税制の改正の背景

　大企業とスタートアップの共同研究を促す「オープンイノベーション促進税制《特別新事業開拓事業者に対し特定事業活動として出資をした場合の課税の特例 》」は、株式取得額の25％を所得控除できます。今回、この制度について、従来までの新規発行株式に加え、既存株式を取得した場合でも適用できるように改正されました。

　M&Aは、スタートアップが自社だけでは実現不可能なことを、大きく・早く成長できるようにする重要な出口戦略です。しかも、M&A（合併・買収）後も、成長につなげるための戦略となります。

　スタートアップ支援のためのこの課税の特例は、M&Aから５年以内に決められた「成長投資・事業成長の要件」を満たせば、この減税メリットが継続できる制度ですので、スタートアップの規模拡大や成長投資の後押しにつなげることができます。

　一方、M&Aから５年以内に決められたこの「成長投資・事業成長の要件」が満たせなかった場合等には、所得控除分を取り崩して、その事由に応じた金額を益金に算入することになります。ただし、売上げが増加した場合や、研究開発や設備投資に意欲的だったり、営業赤字でも、さらなる研究開発をしたりすると、成長要件に適合したとみなされます。

※赤字部分、赤枠内が拡充部分

株式取得額の25％を所得控除
（M＆A時は発行済株式も対象）

資金などの経営資源

革新的な技術・ビジネスモデル

出資法人：事業会社
（国内事業会社又はその国内CVC）

出資先：スタートアップ
（設立10年未満の国内外非上場企業）
売上高研究開発費比率10％以上かつ赤字企業の場合
設立15年未満の企業も対象、発行済株式を取得する場合(50％超の取得時)は海外スタートアップを除く

成長投資
（研究開発、設備投資）

5年以内に
成長投資・事業成長の要件
を満たさなかった場合等は、
所得控除分を一括取り戻し

事業成長
（売上高）

	現行制度	拡充部分
対象株式	新規発行株式	発行済株式 （50％超の取得時）
所得控除 上限額 （取得額換算）	25億円/件* （100億円/件）	50億円/件 （200億円/件）
	年間125億円/社まで （年間500億円/社まで）	
株式取得 下限額	大企業1億円/件 中小企業1千万円/件	5億円/件

＊：2023年4月1日以降は所得控除上限12.5億円/件、取得額換算50億円/件

（経済産業省 令和4年12月「令和5年度 経済産業関係 税制改正」）

（参考１）成長要件の全体像

● M&A後**5年以内に**スタートアップが成長投資・事業成長の要件を達成することを条件とする。
● 要件はスタートアップの成長段階に応じ(A)**売上高成長**、(B)**成長投資**、(C)**研究開発特化**の３類型。

類型	対象となるスタートアップ （M&A時点の要件）	5年以内に満たすべき要件	
		成長投資	事業成長
(A) **売上高 成長類型**	ー	ー	●**売上高**≧33億円 ●**売上高成長率**≧1.7倍
(B) **成長投資 類型**	●**売上高**≦10億円 ●**売上高に対する研究開発費＋ 設備投資**（減価償却費）**の 比率**≧5％	●**研究開発費**≧4.6億円 **研究開発費成長率**≧1.9倍 又は ●**設備投資**（減価償却費）≧0.7億円 **設備投資**（減価償却費）**成長率** ≧3.0倍	●**売上高**≧1.5億円 ●**売上高成長率**≧1.1倍
(C) **研究開発 特化類型**	●**売上高**≦4.2億円 ●**売上高に対する研究開発費の 比率**≧10％ ●**営業利益**＜0	●**研究開発費**≧6.5億円 ●**研究開発費成長率**≧2.4倍 ●**研究開発費増加額** ≧株式取得価格の15％	ー

（経済産業省 令和4年12月「令和5年度経済産業関係税制改正」）

(2) 改正の内容

「特別新事業開拓事業者に対し特定事業活動として出資をした場合の課税の特例」について、次の措置が講じられました。

①　特定株式の範囲の拡大・取得価額の上限

対象となる特定株式に、発行法人以外の者からの購入により取得した特別新事業開拓事業者の株式でその取得により総株主の議決権の過半数を有することとなるものが加えられました。

また、上記の特定株式の対象となる取得価額の上限は、200億円とされました。

②　特定株式の要件

特定株式の要件は、次のとおり現行（改正前）要件を見直した要件とするほか、現行（改正前）の特定株式の要件と同様とされます。

　イ　特定株式の保有見込期間要件における保有見込期間の下限及び特定事業活動に係る証明の要件のうち特定事業活動を継続する期間は、5年とされます。

　ロ　取得価額は、下限が5億円以上、上限は200億円以上とされます。

　ハ　特別新事業開拓事業者は内国法人に限定されます。

　ニ　令和5年4月1日以後に特別新事業開拓事業者に出資をして本特例の適用を受けた後に取得するその特別新事業開拓事業者の株式は対象外とされます。

■改正で追加された特定株式の要件

① 保有見込期間	5年
② 特定事業活動を継続する期間	5年
③ 取得価額	5億円〜200億円
④ 特別新事業開拓事業者	内国法人

「**特別新事業開拓事業者**」**とは**、産業競争力強化法の新事業開拓事業者のうち同法の特定事業活動に資する事業を行う会社（既に事業を開始しているもので、一定の投資事業有限責任組合を通じて又は国立研究開発法人から出資を受けていること、設立後15年未満で研究開発費の額の売上高の額に対する割合が10％以上であること等の要件に該当するものに限られます）で、その経営資源が、その特定事業活動における高い生産性が見込まれる事業を行うこと又は新たな事業の開拓を行うことに資するものであることその他の基準を満たすことにつき経済産業大臣の証明がある法人をいいます。

③　特定株式に係る特別勘定の取崩し事由

　上記の特定株式に係る特別勘定の取崩し事由は、次のとおり現行（改正前）の取崩し事由を見直した事由とするほか、現行の取崩し事由と同様とされます。

　　イ　特定株式の取得から5年を経過した場合には、特別勘定の金額を取り崩して、益金に算入します。

　ただし、次に掲げる事由に該当する場合には、それぞれに掲げた処理をします。

　　（ⅰ）　特定株式の取得の日から5年以内に、いずれかの事業年度において、売上高が1.7倍かつ33億円以上となったこと等の要件に該当することとなった場合は、この限りではありません。

　　（ⅱ）　特定株式の取得の日から5年を経過した後に現行の取崩し事由（特定事業活動に係る継続証明がされなかったこととの事由及び特定株式を組合財産とする投資事業有限責任組合等の出資額割合の変更があったこととの事由を除きます。）に該当することとなったときは、その事由に応じた特別勘定の金額を取り崩して、益金算入します。

　　（ⅲ）　特定株式を組合財産とする投資事業有限責任組合等の出資額割合が減少したときは、その減少割合に応じた特別勘定の金額を取り崩して、益金算入します。

（ⅳ）　特定株式につき剰余金の配当を受けたときは、その受けた額の25％相当額の特別勘定の金額を取り崩して、益金算入します。

ロ　対象法人を合併法人とする合併により特定株式に係る特別新事業開拓事業者が解散した場合には、特別勘定の金額を取り崩して、益金算入します。

ハ　対象法人が特定株式に係る特別新事業開拓事業者の総株主の議決権の過半数を有しないこととなった場合には、特別勘定の金額を取り崩して、益金算入します。

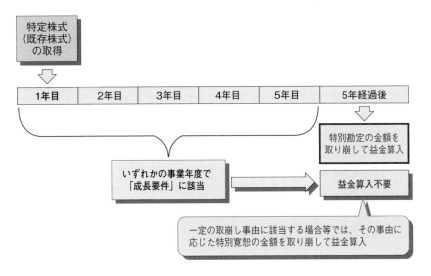

ヘ　上記イただし書の場合において、特定株式につき剰余金の配当を受けたときは、その受けた額の25％相当額の特別勘定の金額を取り崩して、益金算入します。

④　特定事業活動に係る継続証明の要件

　特定株式については、特定事業活動に係る継続証明の要件に、対象法人による株式の取得の時に特別新事業開拓事業者が営んでいた事業を引き続き営んでいること等の要件が加えられました。

⑤　払込みにより取得した特定株式の取得価額の上限

　払込みにより取得した特定株式について、対象となる取得価額の上限を50億円（改正前：100億円）に引き下げられました。

⑥　既に総株主の議決権の過半数の株式を有している特別新事業開拓事業者に対する出資の除外等

　既にその総株主の議決権の過半数の株式を有している特別新事業開拓事業者に対する出資を対象から除外するとともに、既に本特例の適用を受けてその総株主の議決権の過半数に満たない株式を有している特別新事業開拓事業者に対する出資については、その対象を総株主の議決権の過半数を有することとなる場合に限定されます。

■ 2．研究開発税制の拡充・延長 ■

　試験研究を行った場合等の税額控除制度は、次の4種類が設けられています。

①　試験研究費の総額に係る税額控除（一般型・措42の4①）
②　特別試験研究費に係る税額控除（オープンイノベーション型・措法42の4⑦①③の適用を受けた試験研究費を除く）
③　中小企業技術基盤強化税制（一般型①との選択適用、中小企業のみ措法42の4④）
④　税額控除の上限上乗措置（措法42の4③）

（注）　上記③は、Ⅰの5に収録しています。

（1）一般型試験研究費税制の見直し

　改正前の税額控除率と控除税額の上限に係る試験研究費割合が10％超の場合の上乗せ特例については、適用期限が3年延長されました。また、基準年度比売上金額減少割合が2％以上等の場合における控除税額の上限に係る上乗せ特例（コロナ特例）は、適用期限をもって廃止されました。

■控除上限の見直し

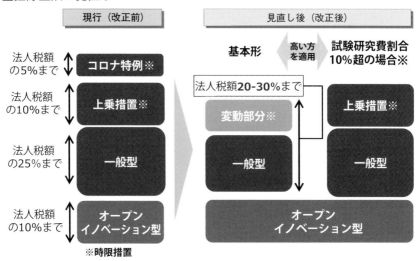

（経済産業省 令和４年12月『令和５年度（2023年度）経済産業関係 税制改正について』）

① 改正後の税額控除率

増減試験研究費割合	税制控除割合
12％超	11.5％＋（増減試験研究費割合－12％）×0.375 （３年延長）
12％以下	11.5％－（12％－増減試験研究費割合）×0.25 （３年延長）

② 改正後の控除税額の上限（加減算特例）

増減試験研究費割合	控除税額の上限
４％を超える	法人税額×（増減試験研究費割合－４％）×0.625（５％上限）加算
△４％を下回る	法人税額×（マイナスの増減試験研究費割合－４％）×0.625（５％上限）減算

〔一般型の減額控除率〕

イ　税額控除率を次のとおり見直し、その下限を１％（改正前：２％）に引き下げた上、その上限を14％（原則：10％）とする特例の適用期限を３年延長します。

（イ）　増減試験研究費割合が12％超

11.5％＋（増減試験研究費割合－12％）×0.375

（ロ）　増減試験研究費割合が12％以下

11.5％－（12％－増減試験研究費割合）×0.25

改正前	改正後
試験研究費の２％～ 14％	試験研究費の１％～ 14％

試験研究費割合≦ 10％	試験研究費割合≦ 10％
①増減試験研究費割合＞9.4％ 　10.145％＋（増減試験研究費割合－ 　9.4％）×0.35 ②増減研究費割合≦9.4％ 　10.145％－（9.4％－増減試験研究費割 　合）×0.175 ③設立事業年度又は比較試験研究費の額 　がゼロ　　　　　　　　　8.5％	①増減試験研究費割合＞12％ 　11.5％＋（増減試験研究費割合－ 　12％）×0.375（３年延長） ②増減研究費割合≦12％ 　11.5％－{（12％－増減試験研究費割 　合）×0.25}（３年延長） ③同左 　３年延長

上乗せ措置	上乗せ措置
試験研究費割合＞10％ 上記①②③の税率控除率＋{（①②③の税 率控除率）×（試験研究費割合－10％）× 0.5}	同左 ３年延長

〔一般型の控除上限額〕

□　令和５年４月１日から令和８年３月31日までの間に開始する各事業年
度の控除税額の上限について、増減試験研究費割合が４％を超える部分
１％当たり当期の法人税額の0.625％（５％を上限とします。）を加算し、
増減試験研究費割合がマイナス４％を下回る部分１％当たり当期の法人
税額の0.625％（５％を上限とします。）を減算する特例を設けます。

（注）　試験研究費の額が平均売上金額の10％を超える場合には、上記の特例と試験
研究費の額が平均売上金額の10％を超える場合における控除税額の上限の上乗
せ特例とのうち控除税額の上限が大きくなる方の特例を適用します。

ハ　試験研究費の額が平均売上金額の10％を超える場合における税額控除
率の特例及び控除税額の上限の上乗せ特例の適用期限を３年延長します。

ニ　基準年度比売上金額減少割合が２％以上等の場合における控除税額の
上限の上乗せ特例は、適用期限の到来をもって廃止することになります。

[一般型の控除上限額]

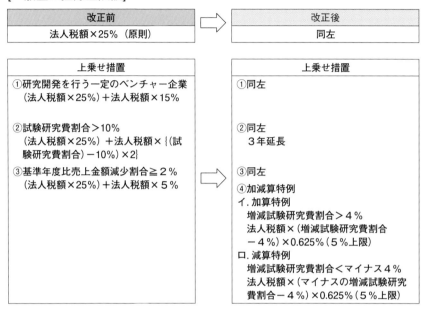

改正前	
法人税額×25％（原則）	

改正後
同左

上乗せ措置
①研究開発を行う一定のベンチャー企業 （法人税額×25％）＋法人税額×15％
②試験研究費割合＞10％ （法人税額×25％）＋法人税額×｛（試験研究費割合）－10％）×2｝
③基準年度比売上金額減少割合≧2％ （法人税額×25％）＋法人税額×5％

上乗せ措置
①同左
②同左 　3年延長
③同左
④加減算特例 イ.加算特例 　増減試験研究費割合＞4％ 　法人税額×（増減試験研究費割合 　－4％）×0.625％（5％上限） ロ.減算特例 　増減試験研究費割合＜マイナス4％ 　法人税額×（マイナスの増減試験研究 　費割合－4％）×0.625％（5％上限）

■一般型の控除上限額に係る上乗せ措置と加算特例

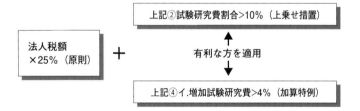

（2）研究開発税制の範囲の見直し等と特別試験研究費の額に係る税額控除制度の改正

　研究開発投資を通じたイノベーションは、社会課題を成長のエンジンへと転換するために不可欠ですが、日本の研究開発投資の伸び率は他の主要国と比べて低いのが現実です。またスタートアップとのオープンイノベーションや博士号取得者などの高度研究人材の活用も欧米に比べて十分に進んでいません。そのため、民間の研究開発投資の維持・拡大を促し、メリハリの効いたインセンティブをより多くの企業に働かせるため、一般型を見直すとともに、スタートアップとの共同研究や高度研究人材の活用を促進するためオープンイノベーション型の見直しを行い、さらにデジタル化への対応やより質の高い試験研究を後押しする観点から、試験研究費の範囲を見直すことになりました。

■試験研究費の範囲の見直し（サービス開発・デザインの設計・試作）

- サービス開発においては、新たなサービス開発を促すため、既存データを活用する場合も一定の要件の下で税制の対象に追加。
- デザインの設計・試作においては、税制で後押しする研究開発の質を高めていく観点から、考案されたデザインに基づく「設計・試作」のうち、性能向上を目的としないものは、税制の対象外となるよう見直す。

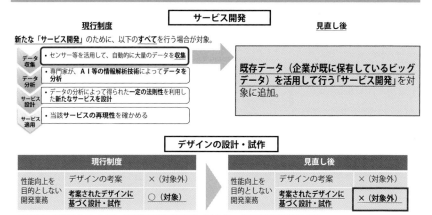

※性能向上を目的としているかは、例えば研究開発のプロジェクトなど、一連の開発業務の単位で判断。

（経済産業省 令和4年12月『令和5年度（2023年度）経済産業関係 税制改正について』）

①除外項目
デザインの設計・試作においては、考案されたデザインに基づく「設計・試作」のうち、性能向上を目的としないものは、税制の対象外
②追加項目
サービス開発において、新たなサービス開発を促すため、既存データを活用する場合も一定の要件の下で税制の対象に追加

　まず、試験研究費の範囲から、性能向上をしないことが明らかな開発業務の一部として考察されるデザインに基づき行う設計及び試作に要する費用を除外し、試験研究費のうち対価を得て提供する新たな役務の開発に係る試験研究のために要する一定の費用について、既に有する大量の情報を用いる場合については、対象とします。

　研究開発税制のOI型（特別試験研究費の額に係る税額控除制度）について、関係法令の改正を前提に、特別試験研究費の額に、「特別新事業開拓事業者」との共同研究・委託研究に係る試験研究費の額を追加し、その税額控除率を 25% とします。さらに、スタートアップの定義を見て、経済産業大臣の認定を受けたファンドからの出資を受けているなどの要件を撤廃し、設立15年未満、売上高研究開発費割合10%以上等の要件を満たす全てのスタートアップに定義を拡大しました。

①除外項目
研究開発型ベンチャー企業との共同研究及び研究開発型ベンチャー企業への委託研究に係る試験研究費（税額控除率25%）
②追加項目
「特別新事業開拓事業者」（注１）との共同研究及び特別新事業開拓事業者への委託研究に係る試験研究費の額（税額控除率25%）

　博士号取得者（新規高度研究業務従事者）や外部研究者を雇用した場合の人件費（工業化研究を除く）について、オープンイノベーション型の中で一般型よりも高い税額控除率を 20% にする仕組みを創設することになりました。

税額控除率25%の創設

イ　関係法令の改正を前提に、対象となる特別試験研究費の額に、特別新
　　事業開拓事業者との共同研究及び特別新事業開拓事業者への委託研究に
　　係る試験研究費の額を加え、その税額控除率を25％とします。

（注１）　上記の「特別新事業開拓事業者」とは、産業競争力強化法の新事業開拓事業者
　　　　のうち同法の特定事業活動に資する事業を行う会社（既に事業を開始しているも
　　　　ので、一定の投資事業有限責任組合を通じて又は国立研究開発法人から出資を受
　　　　けていること、設立後15年未満で研究開発費の額の売上高の額に対する割合が
　　　　10％以上であること等の要件に該当するものに限る。）で、その経営資源が、そ
　　　　の特定事業活動における高い生産性が見込まれる事業を行うこと又は新たな事業
　　　　の開拓を行うことに資するものであることその他の基準を満たすことにつき経済
　　　　産業大臣の証明があるものをいいます。

（注２）　共同研究及び委託研究の範囲は、現行の研究開発型ベンチャー企業との共同研
　　　　究及び研究開発型ベンチャー企業への委託研究と同様とします。

（経済産業省令和４年12月『令和５年度（2023年度）経済産業関係 税制改正について』）

税額控除率20％の創設

□ 　対象となる特別試験研究費の額に次の要件の全てを満たす試験研究に
係る（ロ）aの額を加え、その税額控除率を20％とします。

（イ） 　その法人の役員又は使用人である次の者（以下「新規高度研究業
務従事者」といいます。）に対して人件費を支出して行う試験研究
であること。

　　a 　博士の学位を授与された者で、その授与された日から5年を経
過していないもの

　　b 　他の者（その法人との間に一定の資本関係がある者を除く。）
の役員又は使用人として10年以上専ら研究業務に従事していた者
で、その法人（その法人との間に一定の資本関係がある者を含む。）
の役員又は使用人となった日から5年を経過していないもの

（ロ） 　aの額がbの額のうちに占める割合（以下「新規高度人件費割合」
といいます。）を前期の新規高度人件費割合で除して計算した割合
が1.03以上である法人が行う試験研究（工業化研究を除く。）であ
ること。

　　a 　試験研究費の額（工業化研究に係る試験研究費の額を除く。）
のうち新規高度研究業務従事者に対する人件費の額

　　b 　試験研究費の額のうちその法人の役員又は使用人である者に対
する人件費の額

（ハ）　次のいずれかに該当する試験研究であること。

　　　a　その内容に関する提案が広く一般に又はその法人の使用人に募集されたこと。

　　　b　その内容がその試験研究に従事する新規高度研究業務従事者から提案されたものであること。

　　　c　その試験研究に従事する者が広く一般に又はその法人の役員若しくは使用人に募集され、その試験研究に従事する新規高度研究業務従事者がその募集に応じた者であること。

以下の①及び②の要件を満たす場合に適用
①　次のＡ÷Ｂが対前年度比で３％以上増加していること
　　Ａ：①又は②の研究者の人件費（工業化研究を除く）
　　　①　博士号を授与されて５年を経過しない者
　　　②　他の事業者で10年以上研究業務に従事した者（雇用から５年を経過しない）
　　Ｂ：試験研究を行う者の人件費
②　研究内容が社内外に広く公募されたもの等であること

ハ　対象となる特別試験研究費の範囲から、研究開発型ベンチャー企業との共同研究及び研究開発型ベンチャー企業への委託研究に係る試験研究費を除外します。

ニ　特別試験研究費の対象となる特別研究機関等との共同研究及び特別研究機関等への委託研究について、特別研究機関等の範囲に福島国際研究教育機構を加えます。

ホ　試験研究費のうち対価を得て提供する新たな役務の開発に係る試験研究のために要する一定の費用について、既に有する大量の情報を用いる場合についても対象とします。

ヘ　試験研究費の範囲から、性能向上を目的としないことが明らかな開発業務の一部として考案されるデザインに基づき行う設計及び試作に要する費用を除外します。

ト　分割等があった場合の調整計算の特例の適用を受けるための手続きの見直しその他の所要の措置が講じられます。

【一般型のインセンティブ強化（①控除上限の見直し、②控除率の見直し）】

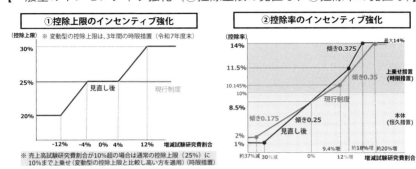

①控除上限のインセンティブ強化

（控除上限）　※ 変動型の控除上限は、3年間の時限措置（令和7年度末）

※ 売上高試験研究費割合が10%超の場合は通常の控除上限（25%）に10%まで上乗せ（変動型の控除上限と比較し高い方を適用）（時限措置）

②控除率のインセンティブ強化

（控除率）

【時限措置の延長】
(1)控除率の上限について、一般型10%→14%とする特例について、適用期限を令和7年度末まで3年間延長
(2)売上高試験研究費割合10%超の場合の控除上限・控除率の上乗せ措置について、適用期限を令和7年度末まで3年間延長

【参考】増減試験研究費割合
　増減試験研究費の額（試験研究費の額から比較試験研究費（※）の額を減算した金額）の比較試験研究費に対する割合。
　※前3年以内に開始した各事業年度の試験研究費の額を平均した額。

（経済産業省 令和4年12月『令和5年度（2023年度）経済産業関係 税制改正について』）

■ 3. 法人が行った学校法人設立のための寄附金の 損金算入制度の創設

　社会人のリスキングだけでなく、大学や高等専門学校等において実社会で活躍できる人材の育成を行っていくことも重要であり、これには民間企業の教育への積極的な関与により、企業・社会が求める人材を産学連携して育成できる仕組みづくりが有効です。私立の大学や高専、専門学校を設立するための企業による寄附を促すため、この寄附金を全額損金算入とする税制上の枠組みが必要となります。

　具体的には、学校法人を新設するための団体（設立準備財団等）に対して寄附を行う場合、これまで必要とされていた個別審査を不要とし、早い段階からスムーズな寄附金集めを実現しなければなりません。

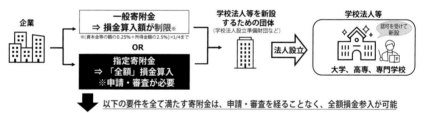

1. 法人が**私立の大学、高等専門学校又は専門学校**（大学卒業相当）を設置する学校法人等の設立を目的とする法人（**学校法人設立準備法人**）**に対して**、令和10年3月31日までに支出する寄附金
2. 当該学校法人等の設立前になされ、**その設立のための費用に充てられる**寄附金
3. 設置しようとする私立大学等が**法人設立後5年以内に認可**されない場合には、国又は地方公共団体に寄附するとして募集された寄附金

（経済産業省 令和4年12月『令和5年度（2023年度）経済産業関係 税制改正について』）

　法人が大学、高等専門学校又は一定の専門学校を設置する学校法人又は準学校法人の設立を目的とする法人（以下「学校法人設立準備法人」といいます。）に対して支出する寄附金のうち、次のいずれにも該当するもので、その学校法人設立準備法人から財務大臣に対して届出があった日から令和10年3月31日までの間に支出されるものを、指定寄附金とします。

① その学校法人又は準学校法人の設立前に、その設立に関する認可
があることが確実であると認められる場合においてされる寄附金で、
その設立のための費用に充てられるものであること。

② 募集要綱に、学校法人設立準備法人の設立後5年を超えない範囲
内において募集要綱で定める日までに大学、高等専門学校又は一定
の専門学校の設置に係る認可を受けなかった場合には、残額を国又
は地方公共団体に寄附する旨の定めがあること。

■ 4. パーシャルスピンオフ税制の創設

　事業再編を促進し、大企業スタートアップの創出や、事業ポートフォリオの最適化により企業・経済の更なる成長を図ることは喫緊の課題です。こうした中において、現在の企業グループに留まっていては成長戦略の実現が難しい事業を分離・独立させることにより、企業が有する経営資源（人材・技術等）の潜在力を発揮させることの重要性が一層高まっています。このため、パーシャルスピンオフ税制についても、一定の要件を満たせば非課税という措置が盛り込まれました。

　パーシャルスピンオフ税制は、元親会社がスピンオフを実施する場合、株主に対する現物配当や、スピンオフ元親会社の譲渡損益に対して課税が生じます。平成29年度の税制改正のスピンオフ税制で、配当や譲渡損益に対する非課税措置が設けられましたが、スピンオフを行う元親会社に子会社株式を一部分残す(20%未満)パーシャルスピンオフの場合には、この優遇税制を受けることはできません。

　今回の改正では、パーシャルスピンオフについても、一定の要件を満たせば、再編時の譲渡損益や配当に対する課税を対象外とする特別措置を創設し、段階的に分離・独立したい、元親会社との関係を残したい、という意向を持つ企業によるスピンオフの活用を促進します。

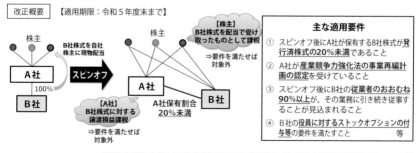

（経済産業省 令和4年12月『令和5年度（2023年度）経済産業関係 税制改正について』）

　令和５年４月１日から令和６年３月31日までの間に産業競争力強化法の事業再編計画の認定を受けた法人が、同法の特定剰余金配当として行う現物分配で完全子法人の株式が移転するものは、株式分配に該当することとし、その現物分配のうち、次の要件に該当するものは、適格株式分配に該当することとされます。（所得税についても同様とします。）

①　その法人の株主の持株数に応じて完全子法人の株式のみを交付するものであること。
②　その現物分配の直後に、その法人が有する完全子法人の株式の数が発行済株式の総数の20％未満となること。
③　完全子法人の従業者のおおむね90％以上がその業務に引き続き従事することが見込まれていること。
④　適格株式分配と同様の非支配要件、主要事業継続要件及び特定役員継続要件を満たすこと。
⑤　その認定に係る関係事業者又は外国関係法人の特定役員に対して新株予約権が付与され、又は付与される見込みがあること等の要件を満たすこと。

■ 5．DX（デジタルトランスフォーメーション）投資促進税制の見直しと延長

　デジタルトランスフォーメーション投資促進税制については、認定要件が見直された上で、適用期限が令和7年3月31日まで、2年間延長されることになりました。

　企業のデジタル人材育成・確保に取り組むとともに、成長性の高い海外市場の獲得を含めた売上上昇につながる「攻め」のデジタル投資に踏み切ることを後押しするため、要件の見直しが行われました。

企業変革（X）要件の見直し

　企業変革（X）要件については、「生産性向上又は売上上昇が見込まれる」要件が⇒「全社レベルでの売上上昇が見込まれる」要件に、また、「計画期間内で、商品の製造原価が8.8以上削減されること等」要件が⇒「成長性の高い海外市場の獲得を図ること（対象事業の海外売上高比率が一定割合以上）」要件に変更されることになりました。

①　生産性向上等の要件の見直し

　生産性の向上又は新需要の開拓に関する要件を、売上高が10％以上増加することが見込まれることとの要件に見直します。

②　取組類型要件の見直し

　取組類型に関する要件を、対象事業の海外売上高比率が一定割合以上となることが見込まれることとの要件に見直します。

　令和5年4月1日前に認定の申請をした事業適応計画に従って同日以後に取得等をする資産については、本制度を適用しないこととします。

| 改正概要 | 【適用期限：令和6年度末まで】 |

認定要件

デジタル（D）要件
① **データ連携**（他の法人等が有するデータ又は事業者がセンサー等を利用して新たに取得するデータと内部データとを合わせて連携すること）
② **クラウド技術の活用**
③ 情報処理推進機構が審査する**「DX認定」の取得**（レガシー回避・サイバーセキュリティ等の確保、**デジタル人材の育成・確保**）

&

企業変革（X）要件
① 全社レベルでの**売上上昇**が見込まれる
② **成長性の高い海外市場の獲得**を図ること
③ **全社の意思決定**に基づくもの（取締役会等の決議文書添付等）

税制措置の内容

対象設備	税額控除		特別償却
・ ソフトウェア ・ 繰延資産*1 ・ 器具備品*2 ・ 機械装置*2	3% 5%*3	or	30%

*1 クラウドシステムへの移行に係る初期費用をいう
*2 ソフトウェア・繰延資産と連携して使用するものに限る
*3 グループ外の他法人ともデータ連携する場合

※ **投資額下限：国内の売上高比0.1%以上**
※ **投資額上限：300億円**（300億円を上回る投資は300億円まで）
※ 税額控除上限：「カーボンニュートラル投資促進税制」と合わせて当期法人税額の20%まで

（経済産業省 令和4年12月『令和5年度（2023年度）経済産業関係 税制改正について』）

■ 6. 特定の資産の買換え等の場合の 課税の特例の見直し

（1）改正の背景と改正の概要

コロナ禍からの経済社会活動の回復を確かなものとし、新陳代謝と多様性に満ちた裾野の広い経済成長を実現するため、長期保有（10年超）の土地等を譲渡し、新たに事業用資産（買換資産）を取得した場合、譲渡した事業用資産の譲渡益課税の繰延べを認める措置の適用期限が、令和8年3月31日まで3年間延長されるとともに、課税の繰延割合の見直しが行われました。（所得税についても同様）

東京23区の内から外への買換え（地域再生法の集中地域以外の地域）により、本店所在地の移転を伴う買換えを行った場合の課税繰延割合を90％（改正前80％）に引き上げる一方、東京23区への本店所在地の移転を伴う買換えの課税繰延割合を60％（改正前70％）に引き下げる改正が行われました。（所得税も、同じです。）

改正の背景としては、本来の買換特例の立法趣旨とは関係なく、買換特例を利用する例が多くなってきていました。これは実際に買い換えるのとは別に、申告時に節税目的で、事後的に譲渡資産と買換え資産の紐づけを行っているケースが多く、「ある資産譲渡」と「ある資産の取得」には何ら因果関係がないにもかかわらず、買換特例の適用を受けるため、申告を行った例が多く見受けられました。

そのため、法人では、特定の資産の譲渡に伴い特別勘定を設けた場合の課税の特例を除き、令和6年4月からは、譲渡資産を譲渡した日又は買換資産を取得した日のいずれか早い日の属する3か月期間の末日の翌日以後2か月以内に①特例の適用を受け取る旨、②適用を受けようとする措置の

別、③取得予定資産又は譲渡予定資産の種類等を記載した届出書を所轄税務署に届け出なければならなくなりました。

（2）特定の資産の買換えの場合等の課税の特例の見直し等

　この特定の事業用資産の買換えの場合等の課税の特例について、次の見直しを行った上、その適用期限を令和8年3月31日まで、3年間延長されました。（所得税の場合は、令和8年12月31日までとなります。）

① 　既成市街地等の内から外への買換え《1号買換え》を適用対象から除外します。

② 　航空機騒音障害区域の内から外への買換え《2号買換え》について、譲渡資産から令和2年4月1日前に特定空港周辺航空機騒音対策特別措置法の航空機騒音障害防止特別地区又は公共用飛行場周辺における航空機騒音による障害の防止等に関する法律の第二種区域となった区域内にある資産を除外します。

③ 　長期所有の土地、建物等から国内にある土地、建物等への買換え《4号買換え》について、東京都の特別区の区域から地域再生法の集中地域以外の地域への本店又は主たる事務所の所在地の移転を伴う買換えの課税の繰延べ割合を90％（改正前：80％）に引き上げ、同法の集中地域以外の地域から東京都の特別区の区域への本店又は主たる事務所の所在地の移転を伴う買換えの課税の繰延べ割合を60％（改正前：70％）に引き下げます。

④ 　船舶から船舶への買換え《5号買換え》については、譲渡資産から平成23年1月1日以後に建造された建設業その他の一定の事業の用に供される船舶を除外します。

（3）先行取得資産の税務署長への届出期間の見直し

　特定の資産の譲渡に伴い特別勘定を設けた場合の課税の特例及び特定の資産を交換した場合の課税の特例を除き、「譲渡資産を譲渡した日又は買

換資産を取得した日のいずれか早い日の属する３か月期間末日の翌日以後２か月以内」に本特例の適用を受ける旨、適用を受けようとする措置の別、取得予定資産又は譲渡予定資産の種類等を記載した届出書」を納税地の所轄税務署長に届け出ることが適用要件に加えられました。

 用語の説明　上記の「**３か月期間末日**」とは、その事業年度をその開始の日以後３か月ごとに区分した各期間をいいます。

 **適用時期**　上記（3）の改正は、令和６年４月１日以後に譲渡資産の譲渡をして、同日以後に買換資産の取得をする場合のその取得をする資産について適用します。

■ 7. 暗号資産の期末時価評価の創設

❶　暗号資産の現状

　次世代型インターネットであるWeb3.0で使われるデジタル資産、非代替性トークン（NFT）などブロックチェーン（分散型台帳）技術で生まれた新たな市場が経済成長につながる、デジタル財産として一般的に言われているのは暗号資産、デジタルマネー、ステーブルコイン（暗号資産に該当しない）デジタル証券、企業ポイントなどがありますが、仮想通貨として登場したビットコインやイーサリアムの売買、移転による利益はすでに原則課税ですが、ブロックチェーンの技術は、デジタルとして価値があるトークンを容易に作ることが可能で、このトークンの発行条件等をプログラムとして組成することで、完成時にスマートコントラクトとしての価値を創造できます。

　これらトークンの性質を利用して、ビットコインなどの暗号資産だけでなく、さまざまな種類のトークンが発行され、大きなビジネスにもなって

います。

　トークンの分類としては、FT(Fungible Tokun)、NFT（Non Fungible Tokun）という分類のほかに、ペイメントトークン（決済）、ユーティリティトークン（扱利付与型）、セキュリティートークン（証券）などが出現しています。

　ところが、日本法人が所有するトークン、暗号資産（活発な市場が存在するもの）は、税務では期末に時価評価し、課税対象とされています。

　このような現実下、多くの起業家は日本に法人等を設立せず、シンガポール等、ブロックチェーン関連企業の海外流出が止まりません。このため、自己が発行した暗号資産で、その発行の時から継続して保有しているもののうち一定の要件を満たしたものについては、期末時価評価の対象とすることになりました。

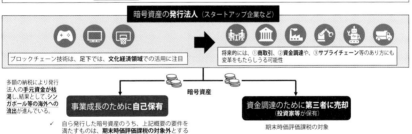

改正概要

法人が事業年度末において有する暗号資産のうち時価評価により評価損益を計上するものの範囲から、次の要件に該当する暗号資産を除外する。

イ **自己が発行した暗号資産でその発行の時から継続して保有しているもの**であること。

ロ その暗号資産の発行の時から継続して**次のいずれかにより譲渡制限**が行われているものであること。

（イ）**他の者に移転することができないようにする技術的措置**がとられていること。

（ロ）一定の要件を満たす**信託の信託財産**としていること。

（経済産業省 令和４年12月『令和５年度（2023年度）経済産業関係 税制改正について』）

❷　暗号資産の評価方法の見直し

　暗号資産の評価方法等について、次の見直しを行われます（次の②の見直しは、所得税についても同様とします。）。

①　法人が事業年度末において有する暗号資産のうち、時価評価により評

価損益を計上するものの範囲から、次の要件に該当する暗号資産を除外します。

イ　自己が発行した暗号資産でその発行の時から継続して保有しているものであること。

ロ　その暗号資産の発行の時から継続して次のいずれかにより譲渡制限が行われているものであること。

（イ）　他の者に移転することができないようにする技術的措置がとられていること。

（ロ）　一定の要件を満たす信託の信託財産としていること。

②　自己が発行した暗号資産について、その取得価額を発行に要した費用の額とします。

③　法人が暗号資産交換業者以外の者から借り入れた暗号資産の譲渡をした場合において、その譲渡をした日の属する事業年度終了の時までにその暗号資産と種類を同じくする暗号資産の買戻しをしていないときは、その時においてその買戻しをしたものとみなして計算した損益相当額を計上することになります。

Ⅲ 国際課税は、こうなる!!

■ 1. グローバル・ミニマム課税への対応

(1) グローバル・ミニマム課税とは

全世界でビジネスを行う巨大企業の日本法人に対して通常の日本の法人税に加え、追加でグローバル・ミニマム課税がされるという制度です。

GAFAが問題となりましたが、グローバルな巨大企業はタックスヘイブン国を利用することにより税負担を軽減させてきたので、OECDがBEPS問題（低税率国への利益移転、課税の浸食）を大きく取り上げ、今後は、最低限の税負担（OECDモデルで15％）義務が生じます。これは最低税率15％を設定し、外国子会社の最低税率に対する不足分の税額を本邦親会社で課税するというものです。

■所得合算ルールのイメージ図

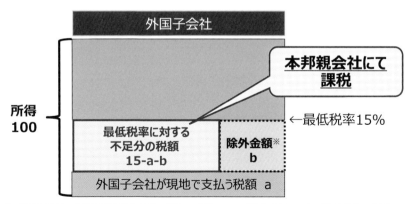

（※）外国子会社の有形資産簿価と支払い給与の合計の5％（導入当初は、有形資産簿価は最大8％、支払給与は最大10％除外。その後、漸次割合が減少）。

（経済産業省 令和4年12月『令和5年度（2023年度）経済産業関係 税制改正について』）

（2）各対象会計年度の国際最低課税額に対する法人税（国税）（仮称）の創設

　令和5年度の税制改正では、グローバル・ミニマム課税は、日本に本社を置く多国籍日系企業が対象で、外資系企業の日本法人は対象外となります。

　ただし、外資系企業の日本法人はe-TAXによる情報申告制度の対象になるので注意が必要です。適用開始時期は、令和6年4月1日以降に開始する事業年度からとしていますが、実際には、OECDの議論も踏まえてそれ以降になりますが、以下にその概要をご紹介しておきます。

①	納税義務者	内国法人は、各対象会計年度の国際最低課税額に対する法人税（仮称）を納める義務がある。ただし、公共法人については、その義務がない。
②	課税の範囲	特定多国籍企業グループ等に属する内国法人に対して、各対象会計年度の国際最低課税額について、各対象会計年度の国際最低課税額に対する法人税（仮称）を課します。 （注1）上記の「**特定多国籍企業グループ等**」とは、企業グループ等（次に掲げるものをいい、多国籍企業グループ等に該当するものに限る。）のうち、各対象会計年度の直前の4対象会計年度のうち2以上の対象会計年度の総収入金額が7億5,000万ユーロ相当額以上であるものをいいます。 　イ　連結財務諸表等に財産及び損益の状況が連結して記載される会社等及び連結の範囲から除外される一定の会社等に係る企業集団のうち、最終親会社（他の会社等の支配持分を直接又は間接に有する会社等（他の会社等がその支配持分を直接又は間接に有しないものに限ります。）をいう。）に係るもの 　ロ　会社等（上記イに掲げる企業集団に属する会社等を除く。）のうち、その会社等の恒久的施設等の所在地国がその会社等の所在地国以外の国又は地域であるもの （注2）上記（注1）の「**多国籍企業グループ等**」とは、次に掲げる企業グループ等をいいます。 　イ　上記（注1）イに掲げる企業グループ等に属する会社等の所在地国（その会社等の恒久的施設等がある場合には、その恒久的施設等の所在地国を含む。）が2以上ある場合のその企業グループ等その他これに準ずるもの 　ロ　上記（注1）ロに掲げる企業グループ等
③	税額の計算	各対象会計年度の国際最低課税額に対する法人税（仮称）の額は、各対象会計年度の国際最低課税額（課税標準）に100分の90.7の税率を乗じて計算した金額とします。
④	申告及び納付等	イ　特定多国籍企業グループ等に属する内国法人の各対象会計年度の国際最低課税額に対する法人税（仮称）の申告及び納付は、各対象会計年度終了の日の翌日から1年3か月（一定の場合には、1年6か月）以内に行うものとします。ただし、当該対象会計年度の国際最低課税額（課税標準）がない場合は、当該申告を要しません。 ロ　電子申告の特例等については、各事業年度の所得に対する法人税と同様とし、その他所要の措置を講じます。
⑤	その他	質問検査、罰則等については、各事業年度の所得に対する法人税と同様とし、その他所要の措置を講じます。

（3）特定基準法人税額に対する地方法人税（国税）（仮称）の創設

特定基準法人税額に対する地方法人税（国税）（仮称）の概要は、下表のとおりです。

①	課税の対象	特定多国籍企業グループ等に属する内国法人の各課税対象会計年度の特定基準法人税額には、特定基準法人税額に対する地方法人税（仮称）を課します。
②	税額の計算	イ　特定基準法人税額に対する地方法人税（仮称）の額は、各課税対象会計年度の特定基準法人税額（課税標準）に907分の93の税率を乗じて計算した金額とします。 ロ　特定基準法人税額は、各対象会計年度の国際最低課税額に対する法人税（仮称）の額とします。ただし、附帯税の額を除く。
③	申告及び納付等	イ　特定基準法人税額に対する地方法人税（仮称）の申告及び納付は、各課税対象会計年度終了の日の翌日から1年3か月（一定の場合には、1年6月）以内に行うものとします。 ロ　電子申告の特例等については、基準法人税額に対する地方法人税と同様とし、その他所要の措置を講じます。
④	その他	質問検査、罰則等については、基準法人税額に対する地方法人税と同様とし、その他所要の措置を講じます。

（4）情報申告制度の創設

① 特定多国籍企業グループ等に属する構成会社等である内国法人は、特定多国籍企業グループ等に属する構成会社等の名称、当該構成会社等の所在地国ごとの国別実効税率、当該特定多国籍企業グループ等のグループ国際最低課税額その他必要な事項等（特定多国籍企業グループ等報告事項等）を、各対象会計年度終了の日の翌日から1年3か月（一定の場合には、1年6か月）以内に、電子情報処理組織を使用する方法（e-Tax）により、納税地の所轄税務署長に提供しなければならない。

② 特定多国籍企業グループ等報告事項等の不提供及び虚偽報告に対する罰則を設けます。

（5）適用関係

① 各対象会計年度の国際最低課税額に対する法人税（仮称）は、内国法

人の令和6年4月1日以後に開始する対象会計年度から適用します。

② 特定基準法人税額に対する地方法人税（仮称）は、内国法人の令和6年4月1日以後に開始する課税対象会計年度から適用します。

③ 上記（3）及び（4）の改正は、内国法人の令和6年4月1日以後に開始する対象会計年度の国際最低課税額に対する法人税（仮称）について適用します。

（以上につき付記参照）

法人住民税の計算の基礎となる法人税額に各対象会計年度の国際最低課税額に対する法人税（仮称）の額を含まないこととするほか、所要の措置を講じます。

■ 2．外国子会社合算課税の見直し ■

❶ 制度の概要

内国法人等が、実質的活動を伴わない外国子会社等を利用する等により、わが国の税負担を軽減・回避する行為に対処するため、外国子会社等がペーパー・カンパニー等である場合又は経済活動基準（注）のいずれかを満たさない場合には、その外国子会社等の所得に相当する金額について、内国法人等の所得とみなし、それを合算して課税（会社単位での合算課税）します。

（注） ① 事業基準（主たる事業が株式の保有等、一定の事業でないこと）
　　　 ② 実体基準（本店所在地国に主たる事業に必要な事務所等を有すること）
　　　 ③ 管理支配基準（本店所在地国において事業の管理、支配及び運営を自ら行っていること）
　　　 ④ 次のいずれかの基準
　　　 イ．所在地国基準（主として本店所在地国で主たる事業を行っていること）
　　　 　　※下記以外の業種に適用
　　　 ロ．非関連者基準（主として関連者以外のものと取引を行っていること）
　　　 　　※卸売業、銀行業、信託業、金融商品取引業、保険業、水運業、航空運送業、航空機貸付業の場合に適用

　また、外国子会社等が経済活動基準を全て満たす場合であっても、実質的活動のない事業から得られる所得（いわゆる受動的所得（注））については、内国法人等の所得とみなし、それを合算して課税（受動的所得の合算課税）。

（注）　配当等、利子等、有価証券の貸付対価、有価証券の譲渡損益、デリバティブ取引損益、外国為替差損益、その他の金融所得、保険所得、固定資産の貸付対価、無形資産等の使用料、無形資産等の譲渡損益等

　　　※ただし、事務負担に配慮し、外国子会社等の租税負担割合が一定（ペーパー・カンパニー等は30％、それ以外の外国子会社等は20％）以上の場合には本税制の適用を免除。

　グローバル・ミニマム課税の導入により、対象企業に追加的な事務負担が生じること等を踏まえ、外国子会社の所得を日本で課税するという点で類似する外国子会社合算税制の見直しをすることになりました。

　改正前は現地の租税負担割合が30％未満が合算対象であったのが27％となります。さらに、申告書に添付することとされている外国関係会社に関する書類（株主等）の記載事項について、その書類に代えてその外国関係会社と株主等との関係を系統的に示した図に替ることや、部分適用対象金額がない部分対象外国関係会社など書類を省くことができるようになりました。

令和5年度税制改正の概要

改正内容	改正の対象になる外国子会社の具体例	現行	見直し後
①合算課税の対象となる外国子会社の絞込み	● 本邦親会社が事業の管理を行い、かつ、現地に事務所や工場等を持たない外国子会社 ● 収入の大半（※1）が配当や利子といった受動的所得で占められる外国子会社　等	現地の租税負担割合が30％未満の場合に合算課税	現地の租税負担割合が27％未満の場合に限り合算課税
②確定申告時における書類の添付義務の緩和（※2）	● 経済活動の実体があり、かつ、現地の租税負担割合が20％未満である外国子会社のうち、課税対象となる金額がない外国子会社　等	書類添付必要	書類添付不要（保存のみ義務付け）

（※1）外国子会社の総資産額に対して、配当や利子等の受動的所得の金額の割合が30％を超え、かつ、総資産額に対する有価証券、貸付金、貸付の用に供する固定資産及び無形資産等の金額の割合が50％を超える場合。
（※2）これらのほか、申告書に添付することとされている外国子会社に関する書類の記載方法の一部を見直しを行う。

（経済産業省 令和4年12月『令和5年度（2023年度）経済産業関係 税制改正について』）

❷　内国法人の外国関係会社に係る所得の課税の特例《外国子会社合算税
制》の見直し

　内国法人の外国関係会社に係る所得の課税の特例（いわゆる「外国子会
社合算税制」）等について、次の見直しを行います。

①　特定外国関係会社の各事業年度の租税負担割合が27％以上（改正前：
　30％以上）である場合には、会社単位の合算課税の適用を免除する。

②　申告書に添付することとされている外国関係会社に関する書類の範囲
　から次に掲げる部分対象外国関係会社に関する書類を除外するととも
　に、その書類を保存するものとします。

　　①　部分適用対象金額がない部分対象外国関係会社

　　②　部分適用対象金額が2,000万円以下であること等の要件を満たすこ
　　とにより本制度が適用されない部分対象外国関係会社

③　申告書に添付することとされている外国関係会社に関する書類（外国
　関係会社の株式等を直接又は間接に有する者（株主等）に関する事項を
　記載するものに限る。）の記載事項について、その書類に代えてその外
　国関係会社と株主等との関係を系統的に示した図にその記載事項の全部
　又は一部を記載することができることとします。

④　上記の見直しのほか、内国法人に係る外国子会社合算税制について所
　要の措置を講じます。

⑤　居住者に係る外国子会社合算税制、特殊関係株主等である内国法人に
　係る外国関係法人に係る所得の課税の特例等の関連制度につき、上記の
　見直しを踏まえた所要の措置を講じます。

 適用時期　上記の改正は、内国法人の令和6年4月1日以後に開始する
事業年度について適用します。

今回の改正によって下図のように、日本企業が多数進出しているドイツ、韓国、アメリカ・カリフォルニア州やニューヨーク州等が27 〜 30％の範囲に含まれています。また、外国子会社合算税制の対象となっている一定の外国子会社のうち、約４割は除外可能としています。

合算対象	法定税率	国・地域名
×	30%	オーストラリア、メキシコ
○→×	29.0〜29.9%	ドイツ（956社）、イリノイ州（295社）　等
○→×	28.0〜28.9%	ニュージーランド（120社）、カリフォルニア州（1,034社）　等
○→×	27.0〜27.9%	イタリア（271社）、韓国（966社）、ニューヨーク州（388社）　等
○	25.8%	フランス、オランダ
○	25.2%	インド
○	25%	中国、スペイン
○	20%	タイ、ベトナム

（出典）米国以外の法人税率：OECD Stats(Corporate Income Tax Rate)、
米国の法人税率：「Combined Federal and State Corporate Income Tax Rates is 2022」(Tax Foundation)、
外国子会社の数：「2022年海外進出企業総覧（企業別）」（東洋経済新報社）

（経済産業省 令和４年12月『令和５年度（2023年度）経済産業関係 税制改正について』）

IV 消費課税は、こうなる!!

■ 1．インボイス・適格請求書等保存方式に係る見直し ■

―――――《消費税》―――――

（1）インボイス導入の背景

　令和5年10月に導入する消費税のインボイス制度で、小規模事業者向けの負担軽減措置を設けることになりました。

　消費税は、もともと事業者が消費者から預かった消費税から他に支払った消費税を差し引いて税務署に納付する仕組みなので、事業者は消費税で得も損もしません。ところが、政治的に弱者救済のように消費税を受け取っておきながら、それを納付しないで済む免税事業者などが生じ、今回も制度に反発していた一部作家やフリーランス、芸能人に配慮した消費税制となりました。

　インボイスとは、取引した商品やサービスごとに消費税額と税率を記載した請求書で、売り手が買い手に発行します。消費税は、軽減税率の導入で8％と10％の2種類ですが、このインボイスがないと、買い手は消費税の仕入税額控除が受けられなくなります。

　消費税を受け取って、その消費税の納税を免除されている売上高1,000万円以下の免税事業者は、インボイスを発行できる課税事業者にならないと、買い手から取引を打ち切られる可能性があります。小規模で「益税」をあてにしてきた事業者は課税事業者になると「益税」がなくなるので、今回の改正で、課税事業者になっても消費税納税額を売上時の2割とする特例を設け、仮に売上高が800万円の場合、納税額は800万円×10％＝

■ インボイス発行で変わる消費税納税のイメージ

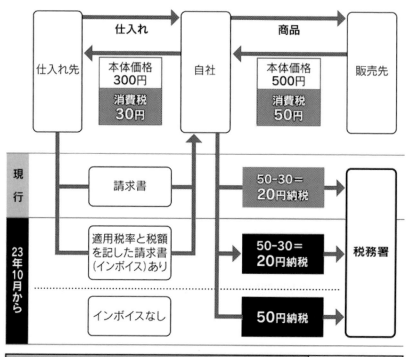

（経済産業省 令和4年12月『令和5年度（2023年度）経済産業関係 税制改正について』）

80万円の2割の16万円で済む。課税仕入高が少ない、芸能、芸術、士業などは、この特例のメリットは大きいといえます。

　また、買い手の事務負担も増加し、インボイスを1枚ずつ手作業で確認する必要も出てくるので、売上高1億円以下の事業者が1万円未満の商品を購入する際は、インボイスがなくても仕入税額控除を受けることができ、6年間の激変緩和策としています。

（2）適格請求書発行事業者となる小規模事業者に係る税額控除に関する経過措置

■ 小規模事業者に対する納税額に係る負担軽減措置

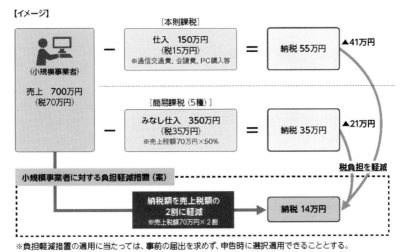

（出典：自民党税制調査会）

❶ 免税事業者が課税事業者を選択した場合

　免税事業者が課税事業者を選択した場合、消費税の申告納税義務が生じることになり、取引先に出す請求書や会計システムの見直しなどの対応が生じます。このため免税事業者であった事業者の負担軽減を図るため、消費税納税額を売上税額の２割に軽減し、簡易課税を選択した場合に比べても大幅に負担減となっています。この激変緩和措置については、令和５年10月１日～令和８年９月30日までとし、適用に当たっては、事前届出は行わなくても、申告時に選択できます。

① 免税事業者が適格請求書発行事業者となったこと又は課税事業者選択届出書を提出したことにより事業者免税点制度の適用を受けられないこととなる場合

　適格請求書発行事業者の令和５年10月１日から令和８年９月30日まで

の日の属する各課税期間において、**免税事業者が適格請求書発行事業者となったこと又は課税事業者選択届出書を提出したことにより事業者免税点制度の適用を受けられないこととなる場合**には、その課税期間における課税標準額に対する消費税額から控除する金額を、当該課税標準額に対する消費税額に8割を乗じた額とすることにより、納付税額を当該課税標準額に対する消費税額の2割とすることができることとされました。

（注1）　上記の措置は、課税期間の特例の適用を受ける課税期間及び令和5年10月1日前から課税事業者選択届出書の提出により引き続き事業者免税点制度の適用を受けられないこととなる同日の属する課税期間については、適用しません。

（注2）　課税事業者選択届出書を提出したことにより、令和5年10月1日の属する課税期間から事業者免税点制度の適用を受けられないこととなる適格請求書発行事業者が、当該課税期間中に課税事業者選択不適用届出書を提出したときは、当該課税期間からその課税事業者選択届出書は効力を失うこととします。

② 　**適格請求書発行事業者が上記①の適用を受けようとする場合**

　適格請求書発行事業者が上記①の適用を受けようとする場合には、確定申告書にその旨を付記するものとする。

③ 　**適格請求書発行事業者が簡易課税制度の適用を受ける場合**

　上記①の適用を受けた適格請求書発行事業者が、当該適用を受けた課税期間の翌課税期間中に、簡易課税制度の適用を受ける旨の届出書を、納税地を所轄する税務署長に提出したときは、その提出した日の属する課税期間から簡易課税制度の適用を認められます。

❷ 　基準期間の課税売上高が1億円以下の事業者の特例

　インボイス制度導入により中小業者の事務負担が増大します。基準期間における課税売上高が1億円以下である事業者については6年間、1万円未満の課税仕入れはインボイスの保存がなくとも帳簿のみで仕入税額控除が可能となりました。

　また、基準期間における課税売上高が1億円超であったとしても、前年又は前事業年度開始の日以後6か月の期間の課税売上高が5,000万円以下である場合は、特例の適用可とされています。

❸　1万円未満の少額値引き等には返還インボイス交付は不要

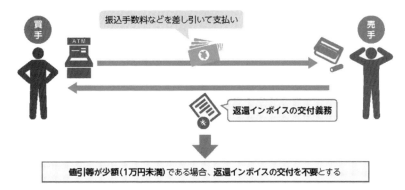

（出典：自民党税制調査会）

　インボイスの交付義務とともに、値引きや返品が生じた場合には、売手側と買手側と税額の一致を図るため、値引等の金額や消費税額を記載した値引き伝票や返品伝票（返還インボイス）を交付しなければなりませんが、これも新たな事務負担につながるため、1万円未満の少額な値引きなどについては、返還インボイスの交付を不要としました。

❹　課税仕入れに係る支払対価の額が1万円未満である場合

　基準期間における課税売上高が1億円以下又は特定期間における課税売上高が5,000万円以下である事業者が、令和5年10月1日から令和11年9月30日までの間に国内において行う課税仕入れについて、**当該課税仕入れに係る支払対価の額が1万円未満である場合**には、一定の事項が記載された帳簿のみの保存による仕入税額控除を認める経過措置を講じます。

　売上げに係る対価の返還等に係る税込価額が1万円未満である場合には、その適格返還請求書の交付義務を免除します。

 **適用時期**　上記の改正は、令和5年10月1日以後の課税資産の譲渡等につき行う売上げに係る対価の返還等について適用されます。

（3）適格請求書発行事業者登録制度の見直し

❶　課税事業者が適格請求書発行事業者の登録申請を行う場合

　課税事業者が適格請求書発行事業者の登録申請を行う際に、課税期間の初日から登録を受ける場合は、改正前（現行）では、その１か月前までに申請書を提出しなければならなかったのが、改正後は、課税期間の初日から起算して15日前の日までに提出すればよいことになり、登録を取り消す場合の届出書の提出期限も15日前の日までとなりました。

❷　免税事業者が適格請求書発行事業者の登録申請を行う場合

　免税事業者については、令和５年10月１日から令和11年９月30日の属する課税期間において、自らの判断でいつでも登録申請ができますが、この登録希望日から登録を受けようとする免税事業者については、申請書にその希望日を提出日から15日以後の日を記載することになります。現実には、登録申請書を提出してから登録番号が通知されるまでは時間がかかり、e-TAXの場合で約３週間、書面の場合で１か月半となっています。

　このため登録が完了した日が初日でなく、課税期間の初日又は登録希望日に登録を受けたものとみなすことができるようになります。しかし、この適用を受ける場合であっても、登録の通知がくるまではインボイスを交付することはできないので、その旨取引先に通知する必要があります。

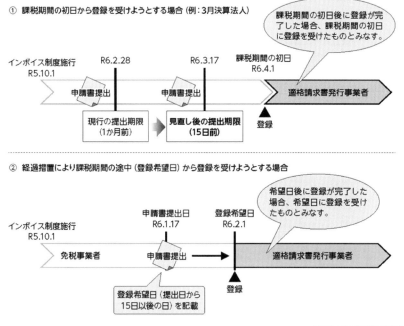

① 課税期間の初日から登録を受けようとする場合 (例：3月決算法人)

課税期間の初日後に登録が完了した場合、課税期間の初日に登録を受けたものとみなす。

インボイス制度施行
R5.10.1

R6.2.28
申請書提出

R6.3.17
申請書提出

課税期間の初日
R6.4.1

適格請求書発行事業者

現行の提出期限
(1か月前)

見直し後の提出期限
(15日前)

登録

② 経過措置により課税期間の途中 (登録希望日) から登録を受けようとする場合

希望日後に登録が完了した場合、希望日に登録を受けたものとみなす。

インボイス制度施行
R5.10.1

免税事業者

申請書提出日
R6.1.17
申請書提出

登録希望日
R6.2.1

適格請求書発行事業者

登録希望日 (提出日から15日以後の日) を記載

登録

（出典：自民党税制調査会）

❸ 免税事業者が適格請求書発行事業者の登録申請書を提出し、課税期間の初日から登録を受けようとする場合

① 免税事業者が適格請求書発行事業者の登録申請書を提出し、課税期間の初日から登録を受けようとする場合には、当該課税期間の初日から起算して15日前の日（現行：当該課税期間の初日の前日から起算して1月前の日）までに登録申請書を提出しなければならないこととします。この場合において、当該課税期間の初日後に登録がされたときは、同日に登録を受けたものとみなします。

② 適格請求書発行事業者が登録の取消しを求める届出書を提出し、その提出があった課税期間の翌課税期間の初日から登録を取り消そうとする場合には、当該翌課税期間の初日から起算して15日前の日（現行：その提出があった課税期間の末日から起算して30日前の日の前日）までに届出書を提出しなければならないこととします。

❹　適格請求書発行事業者の登録等に関する経過措置

　適格請求書発行事業者の登録等に関する経過措置の適用により、令和5年10月1日後に適格請求書発行事業者の登録を受けようとする免税事業者は、その登録申請書に、提出する日から15日を経過する日以後の日を登録希望日として記載するものとする。この場合において、当該登録希望日後に登録がされたときは、当該登録希望日に登録を受けたものとみなします。

　　　上記の改正の趣旨等を踏まえ、令和5年10月1日から適格請求書発行事業者の登録を受けようとする事業者が、その申請期限後に提出する登録申請書に記載する困難な事情については、運用上、記載がなくとも改めて求めないこととします。

■ 2．エコカー減税等の見直しと延長 ■

　厳しい物価高と納期長期化に直面する消費者の負担増を踏まえ、現行制度を令和5年末まで据え置くことになりました。クリーンディーゼル車に対する現行の取扱いも令和5年末まで延長、据え置き期間後は、燃費性能の向上を踏まえつつ、現行の優遇対象割合（7割）、免除対象割合（2.5割）を維持する形で、令和7年度までの見直しを実施する予定です。

　令和7年度については、75％達成車も、本則税率（2,500円）が適用されるエコカーとして支援対象になります。

　電気自動車等の「構造要件（該当するだけで2回目車検時までの免税）」も3年間維持します。

【現行・改正後】

2021年5月1日〜2023年4月30日→2023年12月31日まで据え置き	初回車検	2回目車検
電気自動車等	免税	免税
2030年度基準120%達成	免税	
2030年度基準90%達成		
2030年度基準75%達成	▲50%	
2030年度基準60%達成	▲25%	

【改正後】

2024年1月1日〜2025年4月30日	初回車検	2回目車検
電気自動車等	免税	免税
2030年度基準120%達成	免税	
2030年度基準90%達成		
2030年度基準80%達成	▲50%	
2030年度基準70%達成	▲25%	

2025年5月1日〜2026年4月30日	初回車検	2回目車検
電気自動車等	免税	免税
2030年度基準125%達成	免税	
2030年度基準100%達成		
2030年度基準90%達成	▲50%	
2030年度基準80%達成	▲25%	
2030年度基準75%達成	本則税率	

※電気自動車等：電気自動車、燃料電池自動車、プラグインハイブリッド車、天然ガス自動車
※電気自動車等以外は2020年度燃費基準達成車に限る
※自動車重量税は、エコカーの場合：2,500円（本則税率）、非エコカーの場合：登録車4,100円/年・軽自動車3,300円/年（当分の間税率）となっている（登録車は0.5トン毎）

（経済産業省 令和4年12月『令和5年度（2023年度）経済産業関係 税制改正について』）

納税環境の整備（税理士制度・納税環境整備税制）編

――どこが どう変わるか？――

◇電子化・
税理士法の整備◇

■ 1. 電子帳簿保存制度の見直し

　令和３年度の税制改正で導入された制度です。一定の国税関係帳簿に係
る電磁的記録の保存等が、国税の納税義務の適正な履行に資するものとし
て一定の要件等を満たしている場合におけるその電子帳簿（優良な電子帳
簿）に係る過少申告加算税の軽減措置（５％軽減）の対象となる申告所得
税及び法人税に係る優良な電子帳簿の範囲が、令和３年度の税制改正では、
網羅的で適用・運用が難しいということから、令和５年度の改正で以下の
ように対象帳簿が合理化・明確化されました。（特にネックとなっていた
従業員に給与支払明細書の電子交付に必要な「従業員の承諾要件」が簡素
化されました。）。

①　仕訳帳

②　総勘定元帳

③　次に掲げる事項（申告所得税に係る優良な電子帳簿にあっては、ニに掲げる事項を除く。）の記載に係る上記①及び②以外の帳簿

イ　手形（融通手形を除く。）上の債権債務に関する事項

ロ　売掛金（未収加工料その他売掛金と同様の性質を有するものを含む。）その他債権に関する事項（当座預金の預入れ及び引出しに関する事項を除く。）

ハ　買掛金（未払加工料その他買掛金と同様の性質を有するものを含む。）その他債務に関する事項

ニ　有価証券（商品であるものを除く。）に関する事項

ホ　減価償却資産に関する事項

ヘ　繰延資産に関する事項

ト　売上げ（加工その他の役務の給付その他売上げと同様の性質を有するもの等を含む。）その他収入に関する事項

チ　仕入れその他経費又は費用（法人税に係る優良な電子帳簿にあっては、賃金、給料手当、法定福利費及び厚生費を除く。）に関する事項

 **適用時期**　上記の改正は、令和6年1月1日以後に法定申告期限等が到来する国税について適用されます。

❶　国税関係書類に係るスキャナ保存制度についての見直し

　スキャナ保存にはいくつかの問題要件があり、適正課税という観点からは読み取り情報である解像度、階調及び大きさの保存要件は必要ではないのではという問題、さらに入力者等を特定する要件「記録事項の入力を行う者又はその者を直接監督する者に関する情報を確認」とあるが、企業の通常の文書作成・保管プロセスにおいて必要不可欠だと問題が提議されていましたが、改正では二つとも廃止されることになりました。使い勝手の悪さが目立った相互関連要件についても見直されました。

　国税関係書類に係るスキャナ保存制度について、次の見直しを行います。

①　国税関係書類をスキャナで読み取った際の解像度、階調及び大きさに関する情報の保存要件を廃止します。

② 国税関係書類に係る記録事項の入力者等に関する情報の確認要件を廃止します。

③ 相互関連性要件について、国税関係書類に関連する国税関係帳簿の記録事項との間において、相互にその関連性を確認することができるようにしておくこととされる書類を、契約書・領収書等の重要書類に限定します。

 上記の改正は、令和6年1月1日以後に保存が行われる国税関係書類について適用します。

■スキャナ保存制度の要件

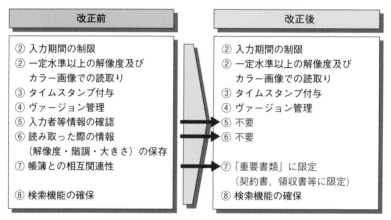

改正前	改正後
① 入力期間の制限	① 入力期間の制限
② 一定水準以上の解像度及びカラー画像での読取り	② 一定水準以上の解像度及びカラー画像での読取り
③ タイムスタンプ付与	③ タイムスタンプ付与
④ ヴァージョン管理	④ ヴァージョン管理
⑤ 入力者等情報の確認	⑤ 不要
⑥ 読み取った際の情報（解像度・階調・大きさ）の保存	⑥ 不要
⑦ 帳簿との相互関連性	⑦「重要書類」に限定（契約書、領収書等に限定）
⑧ 検索機能の確保	⑧ 検索機能の確保

❷ 電子取引の取引情報に係る電磁的記録の保管の見直し

所得税及び法人税に係る保存義務者は、電子取引を行った場合には、一定の要件下で、その電子取引の取引情報に係る電磁的記録を保管しなければなりません。

用語の説明 　「**電子取引**」とは、取引情報（取引に関して受領し又は交付する注文書、契約書、送り状、領収書、見積書その他これらに準ずる書類に通常記載される事項をいいます。）の授受を電磁的方式により行う取引をいい（電子帳簿保存法２五）、いわゆるEDI取引、インターネット等による取引、電子メールにより取引情報を授受する取引（添付ファイルによる場合を含みます。）、インターネット上にサイトを設け、そのサイトを通じて取引情報を授受する取引等が含まれます。

　保存義務者が税務調査等の質問検査権に基づく電磁的記録のダウンロードの求めに応じることができるようにしている場合には、検索要件の全てを不要とする措置について、対象者を次に掲げる保存義務者とします。

　　イ．その判定期間における売上高が5,000万円（改正前1,000万円）以下である保存義務者

　　ロ．その電磁的記録の出力書面の提示又は提出の求めに応じることができるようにしている保存義務者

　また、保存することができなかったことについて「相当の理由」がある保存義務者に対する猶予措置として、保存義務者が行う電子取引につき、所轄税務署長が保存要件に従って保存することができなかったことについて相当の理由があると認め、かつ、その電磁的記録の出力画面の提示又は提出の求めに応じることができるようにしている場合には、その電磁的記録の保存をすることができることとしています。

❸　電子取引の取引情報に係る電磁的記録の保存制度の見直し

　電子取引（取引情報の授受を電磁的方式により行う取引をいいます。以下同じ。）の取引情報に係る電磁的記録の保存制度について、次の見直しが行われました。

①　電子取引の取引情報に係る電磁的記録の保存要件

　　イ　保存義務者が国税庁等の当該職員の質問検査権に基づく電磁的記録のダウンロードの求めに応じることができるようにしている場合には、検索要件の全てを不要とする措置について、対象者を次のとおりとします。

　　（イ）　その判定期間における売上高が5,000万円以下（改正前：1,000
　　　　万円以下）である保存義務者
　　（ロ）　その電磁的記録の出力書面（整然とした形式及び明瞭な状態で
　　　　出力され、取引年月日その他の日付及び取引先ごとに整理された
　　　　ものに限る。）の提示又は提出の求めに応じることができるよう
　　　　にしている保存義務者
　ロ　電磁的記録の保存を行う者等に関する情報の確認要件を廃止しま
　　す。
②　電子取引の取引情報に係る電磁的記録を保存要件に従って保存をする
　ことができなかったことについて相当の理由がある保存義務者に対する
　猶予措置として、申告所得税及び法人税に係る保存義務者が行う電子取
　引につき、納税地等の所轄税務署長が当該電子取引の取引情報に係る電
　磁的記録を保存要件に従って保存をすることができなかったことについ
　て相当の理由があると認め、かつ、当該保存義務者が質問検査権に基づ
　く当該電磁的記録のダウンロードの求め及び当該電磁的記録の出力書面
　（整然とした形式及び明瞭な状態で出力されたものに限る。）の提示又は
　提出の求めに応じることができるようにしている場合には、その保存要
　件にかかわらず、その電磁的記録の保存をすることができることとしま
　す。
③　電子取引の取引情報に係る電磁的記録の保存への円滑な移行のための
　宥恕措置は、適用期限（令和5年12月31日）の到来をもって廃止され
　ます。

改正前　電子データ保存における要件

① 見読可能装置の備付け要件
② 検索機能の確保要件（注）
③ 改ざん防止の要件（タイムスタンプ等）

（注）検索機能要件
　　イ　取引年月日、取引金額、取引先（記録項目）を検索（単純検索）
　　ロ　日付又は金額はその範囲を指定して検索（範囲検索）
　　ハ　上記2以上の任意の項目を組み合わせて検索（組み合せ検索）

改正後　検索機能要件

　ダウンロードの求めに応じることができるようにしている場合には下記の要件が不要となり、売上高5,000万円（改正前1,000万円）以下である事業者は、すべての検索機能要件が不要となります。

対象者	要　件
猶予措置適用事業者	① 見読可能装置の備付け要件 ② 検索機能の確保要件（ダウンロードの求めに応じる、出力書面の保存） ③ 改ざん防止の要件（タイムスタンプ等）
売上高が5,000万円以下の事業者	① 見読可能装置の備付け要件 ②ダウンロードの求めに応じる ③ 改ざん防止の要件（タイムスタンプ等）
出力書面の提示・提出・保存及びダウンロードの求めに応じることができる事業者	① 見読可能装置の備付け要件 ② 検索機能の確保要件不要 ③ 改ざん防止の要件（タイムスタンプ等）

 適用時期　上記の改正は、令和6年1月1日以後に行う電子取引の取引情報に係る電磁的記録について適用します。

■ 2．スマホ用電子証明書を利用した e-TAX の利便性の向上

　確定申告をe-TAXで行う場合、マイナンバーカードの電子証明書を読み込んで入力しなければなりませんが、スマートフォンにマイナンバーカードの電子証明書を搭載できるようになるため、今後、読み込む必要が無くなり、搭載されたスマートフォン出で申告する場合、ID、パスワードの入力が不要となります。

　電子情報処理組織を使用する方法（e-TAX）により申請等を行う際に送信すべき電子証明書の範囲に、スマートフォンに搭載された署名用電子証明書を加えるとともに、利用者照明用電子証明書が搭載されたスマートフォンを用いて電子情報処理組織を使用する方法により申請等又は国税の納付を行う際に、識別符号及び暗唱符号の入力を要しないこととする等の所要の措置を講じます。

（注）　e-TAXの利便性の向上及び税務手続のデジタル化の推進を図る観点から、国税庁の新たな基幹システム（次世代システム）の導入時期に合わせて、処分通知等の更なる電子化に取り組むことになります。

 **適用時期**　上記の改正は、令和７年１月１日以後に行う申請等又は同日以後に行う国税の納付について適用します。

■ 3．無申告加算税の見直しと厳罰化

　無申告は仮装・隠ぺいを伴わないため重加算税の対象とならず、税に対する公平感を大きく損なうことであるとして、改正では無申告に対する厳罰化を盛り込みました。無申告加算税の税率は原則15%、税額50万円超の部分については20%となっていますが、令和６年１月からは税額300万円を超える部分については30%と重いペナルティーとなり、さらに前年度と前々年度に無申告加算税（これに代わる重加算税を含みます。）を課され

た納税者が期限後申告や修正申告などをしたときには、その申告にかかる無申告加算税や重加算税を10％加重することになります。

❶　無申告加算税割合の引上げ

　無申告加算税の割合（現行：15％（納付すべき税額が50万円を超える部分は20％））について、納付すべき税額が300万円を超える部分に対する割合を30％に引き上げます。

（注１）　調査通知以後に、かつ、その調査があることにより更正又は決定があるべきことを予知（❷において「更正予知」という。）する前にされた期限後申告又は修正申告に基づく無申告加算税の割合（現行：10％（納付すべき税額が50万円を超える部分は15％））については、上記の納付すべき税額が300万円を超える部分に対する割合を25％とする。

（注２）　上記の納付すべき税額が300万円を超える部分に対する割合について、納付すべき税額が300万円を超えることにつき納税者の責めに帰すべき事由がない場合の適用に関する所要の措置を講ずる。

■期限後申告に係る無申告加算税の割合

	原則	自発的期限後申告	
			調査通知前
総額50万円以下	15％	10％	5％
総額50万円超300万円以内	20％	15％	5％
総額300万円超	30％	25％	5％

（注）　調査による期限後申告等があった日の翌日から起算して5年前の日までの間に、その国税に属する税目に調査による無申告加算税又は重加算税を課されたことがある場合は、10％加重されます。

❷　過去に無申告加算税又は重加算税が課されたことがある場合

　過去に無申告加算税又は重加算税が課されたことがある場合に無申告加算税又は重加算税の割合を10％加重する措置の対象に、期限後申告若しくは修正申告（調査通知前に、かつ、更正予知する前にされたものを除きます。）又は更正若しくは決定（以下「期限後申告等」といいます。）があった場合において、その期限後申告等に係る国税の前年度及び前々年度の当該国税の属する税目について、無申告加算税（期限後申告又は修正申告が、調査通知前に、かつ、更正を予知する前にされたものであるときに課され

たものを除きます。）若しくは無申告加算税に代えて課される重加算税（❷において「無申告加算税等」といいます。）を課されたことがあるとき、又はその無申告加算税等に係る賦課決定をすべきと認めるときに、その期限後申告等に基づき課する無申告加算税等を加えます。

対象範囲の拡大	期限後申告等に係る国税の前年度及び前々年度に無申告加算税や重加算税が課されたことがあるとき、又は賦課決定をすべきと認めるときを加えられます。

（注）　過少申告加算税、源泉徴収等による国税に係る不納付加算税及び重加算税（無申告加算税に代えて課されるものを除く。）については、上記の見直しの対象としません。

 上記の改正は、令和6年1月1日以後に法定申告期限が到来する国税について適用します。

■ 4．税理士法関係の改正 ■

❶　税理士でない者が税務相談を行った場合の命令制度の創設

　税理士資格を持たずに税制相談を行い、脱税をそそのかす悪質なコンサルタントが横行しています。実際にこのような不正な税逃れを指南する活動を防止するため緊急に措置を取らなければならないと認められたときは、税務相談の停止を命じ、そのための必要な措置を講ずることが可能となりました。命令に従わない場合には100万円以下の罰金などの措置が設けられました。

①　税理士又は税理士法人でない者が税務相談を行った場合の措置

　財務大臣は、税理士又は税理士法人でない者が税務相談を行った場合（税理士法の別段の定めにより税務相談を行った場合を除く。）において、更に反復してその税務相談が行われることにより、不正に国税若しくは地方税の賦課若しくは徴収を免れさせ、又は不正に国税若しくは地方税の還付を受けさせることによる納税義務の適正な実現に重大な影響を及ぼすことを防止するため緊急に措置をとる必要があると認めるときは、その税理士

又は税理士法人でない者に対し、その税務相談の停止その他その停止が実効的に行われることを確保するために必要な措置を講ずることを命ずることができることとします。

(注1) 財務大臣は、上記の命令をしたときは、遅滞なくその旨を、相当と認める期間、インターネットを利用する方法により不特定多数の者が閲覧することができる状態に置く措置をとるとともに、官報をもって公告しなければならない。

(注2) 上記（注1）の「相当と認める期間」は、概ね、上記の命令を受けた日から3年間として取り扱うこととします。

② 質問検査等の国税庁長官の判断

　国税庁長官は、上記①の命令をすべきか否かを調査する必要があると認めるときは、税務相談を行った者から報告を徴し、又は当該職員をしてその者に質問し、若しくはその業務に関する帳簿書類（その電磁的記録を含む。）を検査させることができることとします。

(注) 上記の質問検査等に対する拒否又は虚偽答弁等については、税理士等に対する質問検査等の場合と同様の罰則を設けます。

③ 命令違反に対する罰則

　上記①の命令について、命令違反に対する罰則を設ける。法定刑は、1年以下の懲役又は100万円以下の罰金とします。

 上記の改正は、令和6年4月1日から施行します。

(備考) 令和4年度税制改正で決定された「税理士法に違反する行為又は事実に関する調査の見直し」のうち、税理士法に違反する行為又は事実に関する調査に係る質問検査等の対象に税理士業務の制限又は名称の使用制限に違反したと思料される者を加える部分については、上記の措置として講じます。

④ 税理士の懲戒処分等の公告方法の見直し

　懲戒処分を受けた税理士について官報による公告だけでなくインターネット上でも氏名や税理士法人名を一定期間公開するように改正されます。処分を受けて廃業した元税理士も同様の扱いとなります。

　氏名等が公開される場合、公開期間は、①税理士業務の禁止等は３年間、②税理士業務の停止等なら停止している間、③戒告なら１か月などとなっています。

　税理士の懲戒処分の公告は、財務大臣が、公告事項を、相当と認める期間、インターネットを利用する方法により不特定多数の者が閲覧することができる状態に置く措置をとるとともに、官報をもって公告する方法により行うこととします。（税理士であった者の懲戒処分を受けるべきであったことについての決定の公告及び税理士法人の税理士法違反行為等に対する処分の公告についても同様とします。）

 上記の改正は、令和６年４月１日から施行されます。

 　上記の「相当と認める期間」は、概ね、次に掲げる場合の区分に応じそれぞれ次に定める期間として取り扱うこととします。

① 　税理士業務の禁止の懲戒処分又は税理士法人の解散の命令の公告である場合　税理士等がその処分を受けた日から３年間
② 　税理士業務の停止の懲戒処分等の公告である場合　税理士業務の停止の期間
③ 　戒告の懲戒処分等の公告である場合　税理士等がその処分を受けた日から１月間
④ 　懲戒処分を受けるべきであったことについての決定の公告である場合　税理士であった者が受けるべきであったその懲戒処分の種類に応じ上記①から③までに定める期間に準ずる期間

❷　税理士試験合格者の公告方法の見直し

　受験番号と氏名を公告している税理士試験の合格者発表について令和６年からは受験番号のみに改正されます。また、税理士試験の全科目免除者の公告を廃止します。個人情報保護に配慮した措置です。

❸　公告事項の広告の方法

　税理士試験合格者等の公告及び税理士試験実施の日時等の公告は、国税審議会会長が、公告事項を、相当と認める期間、インターネットを利用する方法により不特定多数の者が閲覧することができる状態に置く措置をとるとともに、官報をもって公告する方法により行うこととする。（国税審議会が行う公認会計士の税法に関する研修の公告、試験科目の一部の免除の認定基準の公告及び税理士試験免除に係る指定研修の公告についても同様とする。）

　また、税理士試験合格者等の公告について、公告事項を受験番号（現行：氏名）とし、税理士試験全科目免除者の公告を廃止する。

 上記の改正は、令和6年4月1日から施行する。

主な過年度改正事項（令和5年適用分）編

——どこが どう変わるか?——

I 令和5年から適用される
令和2年度の主な改正事項

---《所得税関係》---

■ 国外居住親族に係る扶養控除の適用の厳格化 ■

　所得税法上、扶養控除の対象者は16歳以上の生計を一にする親族等で、合計所得金額が38万円以下（令和2年分以降は48万円以下）で、対象者1人につき38万円が控除される制度です。

　ところが、国外居住者の親族の場合、所得金額がわからないため、扶養控除の対象外の者まで扶養控除の対象としているという指摘があります。

　そこで、日本国外に居住する親族に係る扶養控除の適用について、次の措置が講じられました。

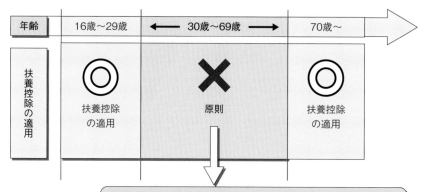

年齢	16歳～29歳	◀── 30歳～69歳 ──▶	70歳～
扶養控除の適用	◎ 扶養控除の適用	✕ 原則	◎ 扶養控除の適用

例外として、[扶養控除の適用] ⟹ あり
① 留学により非居住者となった者
② 障害者
③ その居住者からその年における生活費または教育費に充てるための支払を38万円以上受けている者

❶　国外居住扶養親族に係る扶養控除適用対象者に年齢要件を創設

今回の改正では、扶養控除の適用要件として年齢要件が制定され、国外居住扶養親族のうち、年齢が30歳以上70歳未満の者は、原則として、扶養控除の適用対象者から除外されることとされました。

したがって、扶養控除の適用対象者となる年齢要件は、①16歳以上29歳以下の親族等および②70歳以上に限定されることになりました。

ただし、次の❷の要件を充たす者については、❶の規定にかかわらず、扶養親族に含めることとされました。

❷　扶養控除適用除外者のうち、適用対象者となる者の範囲

扶養控除の適用対象者となる者は、①16歳以上29歳以下および②70歳以上の親族等とされましたが、扶養控除適用除外者の30歳以上69歳以下の親族等に該当する者であっても、次に掲げる要件を満たす者については、扶養控除の対象者に含めることができることとされています。

①　留学により非居住者となった者

②　障害者

③　その居住者からその年における生活費または教育費に充てるための支払を38万円以上受けている者

❸　扶養控除の適用を受ける場合に提出又は提示を要する書類

上記❷に該当する者が国外居住親族に係る扶養控除の適用を受けようとする場合には、給与等もしくは公的年金等の源泉徴収、給与等の年末調整または確定申告の際に、上記❷の①又は同③に該当する者であることを明らかにする書類を提出または提示しなければならないこととされました。

（注）　上記❷の①に該当する者であることを明らかにする書類は、外国政府または外国の地方公共団体が発行した留学の在留資格に相当する資格をもって在留する者であることを証する書類とし、上記❷の③に該当する者であることを明らかにする書類は、改正前の送金関係書類でその送金額等が38万円以上であることを明らかにする書類とされています。

 上記の改正は、令和5年1月1日以後に支払われる給与等および公的年金等ならびに令和5年分以後の所得税について適用されます。

Ⅱ 令和5年から適用される 令和4年度の主な改正事項

《所得税関係》

■ 1．上場株式等に係る配当所得等の課税の特例の見直し ■
~3％以上保有の判定方法も見直し~

（1）上場株式等の大口株主に対する配当所得課税の見直し

❶ 持株割合の判定方式の見直し

① 改正前の課税方式と改正の背景

　上場会社株式等に係る配当所得の課税方式は、個人株主としての持株割合だけでその持株割合が3％未満か3％以上かで判定し、3％未満であれば、①総合課税、②申告分離課税、③確定申告不要（＊）の三つのうちのいずれかの課税方式を選択することができました。ただし、3％以上の場合は、総合課税のみとなり、課税方式の選択はできませんでした。

（＊）確定申告不要は、1回に支払いを受けるべき配当等の金額ごとに選択できます。

② 平成4年度改正の概要と改正の背景

　この選択のありようについて、「個人だけでは3％未満でも、同族法人を通じて取得した持株割合を含めると、3％を超える人との平仄が取れない」との会計検査院からの指摘があり、

　今回の改正で、次のような見直しが行われました。

個人株主の持株割合	改正前	改正後
3％以上《大口株主》	総合課税	総合課税
同族会社である法人との合計で3％以上	①総合課税 ②申告分離課税 ③確定申告不要 のいずれかを選択	
3％未満		①総合課税 ②申告分離課税 ③確定申告不要 のいずれかを選択

❷　新たに総合課税の対象となる株主

　上記の改正により、その個人株主が、その株主の同族会社である法人が保有する株式等保有割合を含めると3％以上となるときは、その株主は大口株主となり、図の②又は③の申告分離課税または確定申告不要ではなく、総合課税の対象となります。

　内国法人から支払いを受ける上場株式等の配当等で、その支払を受ける居住者等（以下「対象者」といいます。）及びその対象者を判定の基礎となる株主として選定した場合に、同族会社に該当する法人が保有する株式等の発行済株式等の総数等に占める割合（以下「株式等保有割合」といいます。）が100分の3以上となるときにおけるその対象者が支払いを受けるものを、総合課税の対象とするということです。

　したがって、同族会社のオーナー一族の大口株主であっても、その同族会社が有する内国法人である上場会社の発行済株式数と、その個人株主の有するその上場会社株式数との合計数が3％未満であれば、従前どおりということになります。

 上記の改正は、令和5年10月1日以後に支払いを受けるべき上場株式等の配当等について適用されます。

（2）上場会社の個人株主報告書提出の義務化

　上場株式等の配当等の支払いをする内国法人は、その配当等の支払いに係る基準日において、その株式等保有割合が100分の1以上となる対象者の氏名、個人番号および株式等保有割合その他の事項を記載した報告書を、その支払いの確定した日から1月以内に、当該内国法人の本店又は主たる事務所の所在地の所轄税務署長に提出しなければならないこととされました。

　ここでいう「株式等保有割合が100分の1以上となる対象者」となるか否かの判定は、上記（1）とは異なり、個人株主のみで判定されます。

 上記の改正は、令和5年10月1日以後に支払うべき上場株式等の配当等について適用されます。

■ 2．100%完全子法人株式等の 配当等の源泉徴収の見直し
～3％以上保有の判定方法も見直し～

（1）改正前の配当所得課税の概要と改正の背景

　100%完全子法人や一定の関連法人（＊）から親法人が支払いを受ける配当等については、その配当等の支払い時に源泉徴収が行われます。一方、その源泉徴収された所得税等は、親法人の確定申告時に税額控除され、還付金の支払い等が行われます。このように親法人の法人税の算定に当たっては、その全額を益金不算入とすることが認められており、法人税は課税されない仕組みになっています。

　それにもかかわらず、源泉徴収の対象とするのは、事務効率の面からも、再検討すべきではないかとの会計検査院の指摘を受けての改正となったものです。

（＊）「一定の関連法人」とは、発行済株式総数の3分の1を超える株式を所有する関連法人をいい、その法人から受ける配当等についても同様とされます。

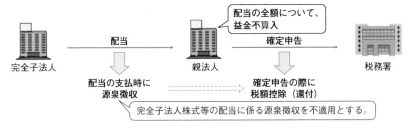

（出典：金融庁「令和4年度税制改正」資料）

（2）100%完全子会社が親会社に支払う配当等の源泉徴収不適用

　通常、法人が配当等を支払う場合には、源泉徴収を行いますが、今回の改正で、一定の内国法人（＊）が支払いを受ける配当等で次に掲げるものについては、所得税を課さないこととされ、その配当等に係る所得税の源泉徴収も行わないこととされました。

① 完全子法人株式等（株式等保有割合100％）に該当する株式等（その内国法人が自己の名義をもって所有しているものに限られます。）に係る配当等

② 配当等の支払いに係る基準日において、その内国法人が直接に保有する他の内国法人の株式（その内国法人が名義人として保有するものに限られます。）の発行済株式等の総数等に占める割合が3分の1超である場合におけるその他の内国法人の株式等に係る配当等

（＊）上記の「一定の内国法人」とは、内国法人のうち、一般社団法人および一般財団法人（公益社団法人および公益財団法人を除く。）、人格のない社団等並びに法人税法以外の法律によって公益法人等とみなされている法人以外の法人をいいます。

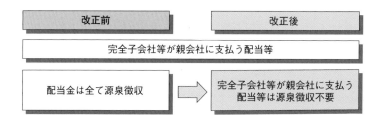

 上記の改正は、令和5年10月1日以後に支払を受けるべき配当等について適用されます。

《法人税関係》

■ ３．５Ｇ導入促進税制の拡充 ■

（1）制度の概要

　高速通信規格５Ｇ通信網の整備を促す「５Ｇ導入促進税制」は、基地局や送受信装置といった５Ｇ関連の設備投資をした事業者向けの優遇税制です。この税制は携帯大企業の投資額の15％の税額控除制度で、今回の改正で税額控除率を段階的に減らしていくことと、支援の期限を３年とされました。

　理由は、令和２年４月１日から令和４年３月31日までの３年内に集中投資するように税制面からも背中を押した形にしました。この税制は携帯大手の他、工場生産ラインの制御や農作物の生産管理などエリア限定の「ローカル５Ｇ」の２種類があります。

（2）改正の内容

　改正では、令和４年度からの３年間で控除率を徐々に下げていくこととし、携帯大手向けは高度な基地局整備に限って、現状15％を９％⇒５％⇒３％に下げ、ローカル５Ｇは令和４年度はそのままで、令和５年度から９％、３％と下げることになります。

　減税適用条件として①安全性・信頼性、②供給の安定性、③国際規格の採用などの開放性の３点を備えた計画の提出が必要となります。

　この税制の目的は、通信インフラの分野で高いシェアを誇る中国のファーウェイの技術に依存せず、日本の５Ｇ通信網を至急に構築することにあります。

　他の投資促進税制の場合、10％の控除率を15％として、適用期限を令和７年３月31日まで３年間延長し、税額控除を階段状にすることで、今後３年間での集中的な整備を促進する狙いがあります。

■ 税額控除率・特別償却率

措置内容	税 額 控 除									特 別 償 却	
対象事業者	全国キャリア				ローカル5G免許人					全国キャリア	
										ローカル5G免許人	
供用年度	現行	R4	R5	R6	現行	R4	R5	R6		現行	R4～R6
条件不利地域（過疎地域など）	15%	➡ 15%	↘ 9%	↘ 3%	15%	➡ 15%	↘ 9%	↘ 3%		30%	➡ 30%
その他の地域		↘ 9%	↘ 5%	↘ 3%							

■ 対象設備

全国5G	ローカル5G
無線設備（送受信装置、アンテナ）	無線設備（送受信装置、アンテナ） 通信モジュール、コア設備、光ファイバ

※ 対象設備について、子局の開設計画からの前倒し設置分であることとの要件（全国5G）等の見直しを行う。

（出典：財務省「令和４年度税制改正のポイント」より）

改正の概要 【適用期限：令和７年３月31日まで】

全国・ローカル５G導入事業者

⬇ 提出

5Gシステム導入計画（主務大臣の認定）
事業者（全国・ローカル５G導入事業者）が提出する
以下の基準を満たす計画を認定
＜認定の基準＞
①安全性・信頼性、②供給安定性、③オープン性

⬇ 設備導入

計画認定に基づく設備等の導入

対象設備の投資について、
課税の特例（税額控除等）

＜課税の特例の内容＞　控除額は当期法人税額の20％を上限

対象事業者	税額控除		特別償却
全国５G導入事業者	条件不利地域※１	令和４年度：15% 令和５年度：9% 令和６年度：3%	30%
	その他地域	令和４年度：9% 令和５年度：5% 令和６年度：3%	
ローカル５G導入事業者	令和４年度：15% 令和５年度：9% 令和６年度：3%		30%

＜対象設備＞
○全国５Gシステム※２、３　○ローカル５Gシステム※４
■基地局の無線設備　　　　　■基地局の無線設備
　（屋外に設置する親局・子局）■交換設備
■伝送路設備（光ファイバを用いたもの）
　　　　　　　　　　　　　　■通信モジュール

※１　別途定める過疎地域等の条件不利地域を指す
※２　マルチベンダー化・SA（スタンドアロン）化したものに限る
※３　その他地域については、多素子アンテナ又はミリ波対応のものに限る（令和５年度末まで）
※４　先進的なデジタル化の取り組みに利用されるものに限る

（出典：経産省R4税制改正資料より）

（3） 認定特定高度情報通信技術活用設備を取得した場合の特別償却 又は税額控除制度の見直し

本制度の適用対象となる認定特定高度情報通信技術活用設備を取得した場合の特別償却又は税額控除制度について、次の見直しを行った上、その適用期限が令和７年３月31日まで３年延長されました。（所得税についても同様です。）

❶ 認定特定高度情報通信技術活用システムの維持管理等基準の見直し

特定高度情報通信技術活用システムの適切な提供及び維持管理並びに早期の普及に特に資する基準について、次の見直しを行います。

　イ　特定基地局が開設計画に係る特定基地局（屋内等に設置するもの及び５Ｇ高度特定基地局を除く。）の開設時期が属する年度より前の年度に開設されたものであることとする要件を廃止し、５Ｇ高度特定基地局を加えます。

　ロ　ローカル５Ｇシステムについては、導入を行うシステムの用途がローカル５Ｇシステムの特性を活用した先進的なデジタル化の取組みであるものに限定されます。

　ハ　補助金等の交付を受けたものが除外されます。

❷ 特定高度情報通信技術活用システムの設備要件の見直し

特定高度情報通信技術活用システムを構成する上で重要な役割を果たすもののうち、3.6GHz超4.1GHz以下、4.5GHz超4.6GHz以下、27GHz超28.2GHz以下又は29.1GHz超29.5GHz以下の周波数の電波を使用する無線設備の要件について、次の見直しが行われます。

　イ　3.6GHz超4.1GHz以下又は4.5GHz超4.6GHz以下の周波数の電波を使用する無線設備に、多素子アンテナを用いないものを加えます。

　　（注）上記の改正は、過疎地域その他の条件不利地域（以下「条件不利地域」といいます。）にあっては、令和４年４月１日以後に事業の用に供するものについて適用し、その他の地域にあっては、令和６年４月１日以後に事業の用に供するものについて適用します。

　ロ　マルチベンダー構成のものに限定します。

　　ハ　スタンドアロン方式のものに限定します。

❸　税額控除率の見直し

　税額控除率が、次のとおり見直されました。

■税額控除率

イ	令和4年4月1日から令和5年3月31日までの間に事業の用に供したもの15％（条件不利地域以外の地域内において事業の用に供した特定基地局の無線設備については、9％）
ロ	令和5年4月1日から令和6年3月31日までの間に事業の用に供したもの9％（条件不利地域以外の地域内において事業の用に供した特定基地局の無線設備については、5％）
ハ	令和6年4月1日から令和7年3月31日までの間に事業の用に供したもの3％

■ 4. 法人の隠蔽仮装行為に対する罰則強化

　法人が、隠蔽仮装行為に基づき確定申告を行い、あるいは無申告の場合には、当該事業年度の売上原価及び費用の額は、損金算入されません。

　法人が、隠蔽仮装行為に基づき確定申告書（その申告に係る法人税についての調査があったことにより当該法人税について決定があるべきことを予知して提出された期限後申告書を除く。以下同じ。）を提出しており、又は確定申告書を提出していなかった場合には、これらの確定申告書に係る事業年度の売上原価その他原価の額（資産の販売又は譲渡における当該資産の取得に直接に要した額及び資産の引渡しを要する役務の提供における当該資産の取得に直接に要した額として一定の額を除く。以下「売上原価の額」といいます。）並びにその事業年度の販売費、一般管理費等の費用の額及び損失の額（以下「費用の額等」といいます。）は、次に掲げる場合に該当する当該売上原価の額又は費用の額等を除き、その法人の各事業年度の所得の金額の計算上、損金の額に算入しないこととします。

① 次に掲げるものにより当該売上原価の額又は費用の額等の基因となる取引が行われたこと及びこれらの額が明らかである場合（災害その他やむを得ない事情により、当該取引に係るイに掲げる帳簿書類の保存をすることができなかったことをその法人において証明した場合を含みます。）

イ　その法人が法人税法の規定により保存する帳簿書類

ロ　上記イに掲げるもののほか、その法人がその納税地その他の一定の場所に保存する帳簿書類その他の物件

② 上記①イ又はロに掲げるものにより、当該売上原価の額又は費用の額等の基因となる取引の相手方が明らかである場合その他当該取引が行われたことが明らかであり、又は推測される場合（上記①に掲げる場合を除く。）であって、当該相手方に対する調査その他の方法により税務署長が、当該取引が行われ、これらの額が生じたと認める場合

（注）　その法人がその事業年度の確定申告書を提出していた場合には、売上原価の額及び費用の額等のうち、その提出したその事業年度の確定申告書等に記載した課税標準等の計算の基礎とされていた金額は、本措置の対象から除外します。

 **適用時期**　上記の改正は、令和5年1月1日以後に開始する事業年度から適用されます。

《消費税関係》

:·【著者コメント】···:
　以下の「インボイス制度」に関する記載内容については、令和５年度改
正においてさらに規定の改正が行われている部分がありますので、ご留意
ください。
:···:

■ ５．適格請求書等保存方式《インボイス制度》に 関する見直し

（1）適格請求書等保存方式の導入

　適格請求書等保存方式が令和５年10月１日から導入されることを踏ま
え、原則として免税事業者から課税仕入れはなくなりますが、経過措置の
適用として免税事業者が適格請求書発行事業者となることができるよう、
令和５年10月１日から令和11年９月30日の課税期間においても、課税期
間の途中からの登録ができることになります。令和５年10月１日以後、令
和８年９月30日までの３年間は仕入額相当額の80％、その後の令和11年
９月30日までは仕入税額相当額の50％を控除することができます。

❶　免税事業者が適格請求書発行事業者登録を受ける場合

　免税事業者が令和５年10月１日から令和11年９月30日までの日の属す
る課税期間中に適格請求書発行事業者の登録を受ける場合には、その登録
日から適格請求書発行事業者となることができます。

❷　登録日から２年間は事業者免税点制度の不適用

　上記❶の適用を受けて登録日から課税事業者となる適格請求書発行事業
者（その登録日が令和５年10月１日の属する課税期間中である者を除く。）
のその登録日の属する課税期間の翌課税期間からその登録日以後２年を経
過する日の属する課税期間までの各課税期間については、事業者免税点制
度を適用しないこととされます。

❸　国外事業者は納税管理人の設置義務

　特定国外事業者（事務所及び事業所等を国内に有しない国外事業者をいう。）以外の者であって納税管理人を定めなければならないこととされている事業者が適格請求書発行事業者の登録申請の際に納税管理人を定めていない場合には、税務署長はその登録を拒否することができることとし、登録を受けている当該事業者が納税管理人を定めていない場合には、税務署長はその登録を取り消すことができることとされます。

❹　虚偽記載事業者の登録の取消し

　事業者が適格請求書発行事業者の登録申請書に虚偽の記載をして登録を受けた場合には、税務署長はその登録を取り消すことができることとされます。

(2) 仕入明細書等による仕入税額控除

　仕入明細書等による仕入税額控除は、その課税仕入れが他の事業者が行う課税資産の譲渡等に該当する場合に限り、行うことができることとされます。

(3) 区分記載請求書の経過措置

　経過措置については、現在は紙の区分記載請求書によることとされているため、区分記載請求書の記載事項に係る電磁的記録の提供を受けた場合についても、適格請求書発行事業者以外の者から行った課税仕入れに係る税額控除に関する経過措置の適用を受けることができることとされます。

(4) 経過措置期間における棚卸資産に係る消費税額の調整措置

　改正前の規定では免税事業者が課税事業者になる時に棚卸資産を有し、かつ棚卸資産の明細を保存している場合、当該棚卸資産に係る消費税額については仕入税額控除ができます。しかし、適格請求書保存方式制度への移行に伴う経過措置期間においては、免税事業者からの仕入れに係る棚卸

資産について、その消費税額の80％又は50％の額で控除することになっています。

　改正では、適格請求書発行事業者以外の者から行った課税仕入れに係る税額控除に関する経過措置の適用対象となる棚卸資産については、その棚卸資産に係る消費税額の全部を納税義務の免除を受けないこととなった場合の棚卸資産に係る消費税額の調整措置の対象とし、100％仕入税額控除が可能となりました。

(5) 公売等の場合

　公売等により課税資産の譲渡等を行う事業者が適格請求書発行事業者である場合には、公売等の執行機関はその事業者に代わって適格請求書等を交付することができます。

(6) 特定収入の５％超を免税事業者等からの課税仕入れに充てた場合

　課税仕入れ等に係る特定収入について仕入税額控除の制限を受ける事業者が、その特定収入の５％を超える金額を免税事業者等からの課税仕入れに充てた場合について、法令又は交付要綱等により国等にその使途を報告すべきこととされる文書等において、その課税仕入れに係る支払対価の額を明らかにしている場合には、その特定収入のあった課税期間の課税売上割合等に応じ、その課税仕入れに係る支払対価の額を基礎として計算した金額を、その明らかにした課税期間の課税仕入れ等の税額に加算できます。

 **適用時期**　上記（2）から（6）までの改正は、令和５年10月１日以後に国内において事業者が行う資産の譲渡等及び課税仕入れについて適用することになります。

■ 6．外国人旅行者向け消費税免税制度の見直し

（1）外国人旅行者向け消費税免税制度≪輸出物品販売場制度≫の見直し

　外国人旅行者向け消費税免税制度≪輸出物品販売場制度≫について、次の見直しが行われました。

① 免税購入できる者

　免税購入できる者を、非居住者であって「出入国管理及び難民認定法」別表第一の外交、公用又は短期滞在の在留資格をもって在留する者等とします。

 上記の改正は、令和5年4月1日以後に行われる課税資産の譲渡等について適用されます。

② 免税購入された物品を輸出しない場合

　免税購入された物品を輸出しない場合に消費税の即時徴収等を行うこととなる税関長の権限の一部を、税関官署の長に委任できることとされました。

（2）納税地の異動があった場合の届出は不要に

　個人事業者の納税地の異動があった場合に提出することとされている届出書について、その提出を要しないこととされました。

 上記（2）の改正は、令和5年1月1日以後の納税地の異動について適用されます。

《納税環境の整備関係》

■ 7．税理士制度の見直し

　税理士及び税理士法人は、業務の電子化を通じ、納税義務者の利便性の向上及び業務改善を図るよう努める旨の規定を設け、コロナ後の新しい社会を見据え、税理士を取り巻く環境に沿えるように税理士制度の見直しが行われました。

　具体的には、税理士がその業務のICT化等を進める努力義務の創設や、税理士試験の会計学科目における受験資格の不要化、税理士法人が行うことのできる業務範囲の拡充等の措置が講じられます。

　また、税理士だった者が、税理士として活動した期間内に懲戒処分の対象となる行為又はその事実があると認められたときには、財務大臣はその者が懲戒処分を受けるべきだったと決定することができる制度が創設されました。その決定は、官報で公告されます。

　以下に、税理士制度の見直しの概要をご紹介しておきます。

（1）税理士業務の電子化等の推進

① 　税理士および税理士法人は、税理士の業務の電子化等を通じて、納税義務者の利便の向上及び税理士の業務の改善進歩を図るよう努めるものとする旨の規定を設けることとします。

② 　税理士会及び日本税理士会連合会の会則に記載すべき事項に、税理士の業務の電子化に関する規定を加えるとともに、この規定についてその会則を変更するときは、財務大臣の認可を受けなければならないこととします。

 **適用時期**　　上記②の改正は、令和5年4月1日から施行されます。

（2）税理士事務所の該当性の判定基準の見直し

税理士事務所に該当するかどうかの判定について、設備又は使用人の有無等の物理的な事実により行わないこととする等の運用上の対応を行います。

 適用時期　上記の改正は、令和5年4月1日から適用されます。

（3）税務代理の範囲の明確化

① 税務代理を行うに当たって前提となる通知等について、税務代理権限証書に記載された税理士又は税理士法人が受けることができることを明確化する等の運用上の対応を行います。

② 税務代理権限証書について、税務代理に該当しない代理をその様式に記載することができることとする等の見直しを行います。

 **適用時期**　上記②の改正は、令和6年4月1日以後に提出する税務代理権限証書について適用されます。

（4）税理士会の総会等の招集通知及び議決権の行使の委任の電子化

税理士会及び日本税理士会連合会の総会等の招集通知及び議決権の行使の委任について、電磁的方法により行うことができることとします。

（5）税理士名簿等の作成方法の明確化

税理士名簿及び税理士法人の名簿、税理士又は税理士法人が作成する税理士業務に関する帳簿等について、電磁的記録をもって作成すること（改正前：磁気ディスク等をもって調製すること）ができることとします。

（6） 税理士試験の受験資格要件の緩和

税理士試験の受験資格について、次の見直しを行います。

①　会計学に属する科目の受験資格を不要とします。

②　大学等において一定の科目を修めた者が得ることができる受験資格について、その対象となる科目を社会科学に属する科目（改正前：法律学または経済学）に拡充します。

 上記の改正は、令和5年4月1日から施行されます。

（7） 税理士法人制度の見直し

①　税理士法人の業務の範囲に、次に掲げる業務が加えられます。

　イ　租税に関する教育その他知識の普及及び啓発の業務

　ロ　後見人等の地位に就き、他人の法律行為について代理を行う業務等

②　税理士法人の社員の法定脱退事由に、懲戒処分等により税理士業務が停止されたことを加えます。

（8） 懲戒処分を受けるべきであったことについての決定制度の創設等

①　財務大臣は、税理士であった者につき税理士であった期間内に懲戒処分の対象となる行為又は事実があると認めたときは、その税理士であった者が懲戒処分を受けるべきであったことについて決定をすることができることとします。

　　この場合において、財務大臣は、その税理士であった者が受けるべきであった懲戒処分の種類（その懲戒処分が税理士業務の停止の処分である場合には、懲戒処分の種類及び税理士業務の停止をすべき期間）を明らかにしなければならないこととします。

（注）財務大臣は、上記の決定をしたときは、遅滞なくその旨を官報をもって公告しなければなりません。

②　税理士の欠格条項に、上記①により税理士業務の禁止の懲戒処分を受

けるべきであったことについて決定を受けた者で、その決定を受けた日から3年を経過しないものを加えます。

③　税理士の登録拒否事由に、上記①により税理士業務の停止の懲戒処分を受けるべきであったことについて決定を受けた者で、上記①により明らかにされた税理士業務の停止をすべき期間を経過しないものを加えます。

 上記の改正は、令和5年4月1日以後にした違反行為等について適用されます。

(9) 懲戒処分等の除斥期間の創設

　税理士等に係る懲戒処分について、懲戒の事由があったときから10年を経過したときは、懲戒の手続を開始することができないこととします。

(注) 税理士法人の税理士法違反行為等に対する処分および上記 (8) ①の決定について、上記と同様の措置を講じます。

 上記の改正は、令和5年4月1日以後にした違反行為等について適用されます。

(10) 税理士法に違反する行為又は事実に関する調査の見直し

①　税理士法に違反する行為又は事実に関する調査に係る質問検査等の対象に、税理士であった者及び税理士業務の制限または名称の使用制限に違反したと思料される者を加えます。

②　国税庁長官は、税理士法に違反する行為又は事実があると思料するときは、関係人または官公署に対し、当該職員をして、必要な帳簿書類その他の物件の閲覧または提供その他の協力を求めさせることができることとします。

 上記①の改正は令和5年4月1日以後に行う質問検査等について、上記②の改正は同日以後に行う協力の求めについて、それぞれ適用されます。

■ 8．信託財産の価額の記載を義務化

　今回の改正で、「信託に関する受益者別（委託者別）調書」には、課税時期の信託財産の価額（相続税評価額）を記載することとされていますが、相続税の評価額の算定が困難であるときには、空欄でよいとの取扱いがなされています。そのため「信託財産の価額」の欄が空欄である場合が多く、問題となっていました。

　これらの事情を踏まえて、今回の改正では、財産債務調書制度等と同じく、「信託財産の価額」の欄に記載すべき相続税評価額の算出が困難な場合には、見積価額を記載しなければならないとされました。

　これらの改正は、令和５年１月１日以後に提出すべき事由が生ずる調書について適用することになります。

■ 9．財産債務調書制度の見直し

　財産債務調書の提出義務者は年間の所得金額が2,000万円を超え、かつ、その年の12月31日において、その価額の合計額が３億円以上の財産又はその価額の合計額が１億円以上の国外転出特例対象資産を有する者でしたが、今回の改正により、所得金額に関係なく、財産の価額が10億円以上である者も提出義務者となることになりました。また、提出期限については、その年の翌年６月30日（改正前：３月15日）とし、令和５年分以後の財産債務調書または国外財産調書に適用することとされました。

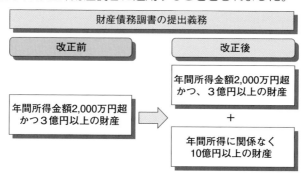

（1）財産債務調書の提出義務者の見直し

　現行の財産債務調書の提出義務者のほか、その年の12月31日において有する財産の価額の合計額が10億円以上である居住者を提出義務者とします。

 **適用時期**　上記の改正は、令和５年分以後の財産債務調書について適用されます。

（2）財産債務調書等の提出期限の見直し

　財産債務調書の提出期限を、その年の翌年の６月30日（改正前：その年の翌年の３月15日）とすることとされました。（国外財産調書についても、同様とされます。）

 **適用時期**　上記の改正は、令和５年分以後の財産債務調書または国外財産調書について適用されます。

（3）提出期限後に財産債務調書等が提出された場合の宥恕措置の見直し

　提出期限後に財産債務調書が提出された場合において、その提出が、調査があったことにより更正または決定があるべきことを予知してされたものでないときは、その財産債務調書は提出期限内に提出されたものとみなす措置について、その提出が調査通知前にされたものである場合に限り適用することとされます。（国外財産調書についても、同様とされます。）

 **適用時期**　上記の改正は、財産債務調書又は国外財産調書が令和６年１月１日以後に提出される場合について適用されます。

（4）財産債務調書への記載の運用上の省略

　財産債務調書への記載を運用上省略することができる「その他の動産の区分に該当する家庭用動産」の取得価額の基準を300万円未満（改正前：

100万円未満）に引き上げるほか、財産債務調書及び国外財産調書の記載事項について運用上の見直しを行います。

 適用時期 上記の改正は、令和5年分以後の財産債務調書又は国外財産調書について適用されます。

■ 10. 転出届出提出で異動前税務署への届出は不要 ■

　所得税の納税地に異動があった場合には、異動前の納税地の所轄税務署長にその旨を記載した異動届出書を提出することとされています。

　さらには、所得税の納税地を住所地から居住地や事業場の所在地等に変更する場合にも、変更前の納税地の所轄税務署長にその旨を記載した変更届出書を提出することが義務付けられていましたが、納税地の特例制度等について、次の①と②の改正が行われます。

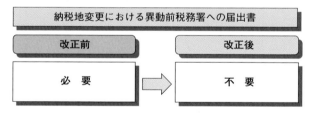

① 　納税地の変更に関する届出書について、その提出を不要とします。
② 　納税地の異動があった場合に提出することとされている届出書について、その提出を不要とします。

 **適用時期** 上記の改正は、令和5年1月1日以後の納税地の変更等について適用されます。

著者紹介　奥村 眞吾（税理士）
　　　　　　　おくむら　しんご

現　在　税理士法人 奥村会計事務所 所長
　　　　OKUMURAHOLDING INC（米国）代表
　上場会社をはじめ医療法人、公益法人、海外法人など多数の企業の税務や相続税対策
のコンサルタントとして活躍するかたわら、日本経済新聞社、朝日新聞社などの講師もつ
とめ、東京、大阪、海外などでも講演活動を行なっている。

―【主な著書】―

『こう変わる!! 令和4年度の税制改正』(実務出版)	『新土地・住宅税制活用法と申告の実務』(清文社)
『新「会社法」の実務ポイント』(実務出版)	『5％消費税の実務と申告のしかた』(清文社)
『信託税制ハンドブック』(実務出版)	『5％消費税 改正点と実務対策のすべて』(日本実業出版社)
『東日本大震災をめぐる税制特例』(清文社)	『災害をめぐる法律と税務』(共著新日本法規出版)
『相続対策としての家族信託』(清文社)	『阪神大震災に伴う税金の救済措置』(清文社)
『新信託法と税務』(清文社)	『税金が安くなる本』(PHP研究所)
『新時代の相続税対策の徹底検証』(清文社)	『よくわかる定期借地権の税務』(清文社)
『新しい事業承継対策と税務』(新日本法規出版)	『ガラ空き時代の貸ビル・マンション経営』(かんき出版)
『住宅・土地税制がわかる本』(PHP研究所)	『アメリカにおける非課税法人の設立手続と税務』(翻訳・ダイヤモンド社)
『企業再編税制の実務』(清文社)	『不動産の税金がよくわかる本』(PHP研究所)
『事業継承マニュアル』(PHP研究所)	『都市型農地の税金戦略』(清文社)
『税金を1ヶ月分取り戻す本』(ダイヤモンド社)	『土地有効活用と相続税対策』(ダイヤモンド社)

【連絡先】　https://www.okumura.ne.jp
　　　　　　事務所：税理士法人 奥村会計事務所
　　　　　　住　所：〒103-0023　東京都中央区日本橋本町2-3-15　新本町共同ビル3F
　　　　　　　　　　FAX　03-3246-2593
　　　　　　　　　　〒541-0047　大阪市中央区淡路町3-5-13　創建御堂筋ビル4F
　　　　　　　　　　FAX　06-6202-7719

こう変わる!!

令和5年度の税制改正

──これだけは おさえておきたい!!──

令和5年4月20日　第1刷発行　　著　者　奥村　眞吾　　　ⓒ2023
　　　　　　　　　　　　　　　発行者　池内　淳夫

発行所　実務出版株式会社
〒542-0012　大阪市中央区谷町9丁目2番27号　谷九ビル6Ｆ
電話 06(4304)0320 ／ FAX 06(4304)0321 ／ 振替 00920-4-139542
https://www.zitsumu.jp

＊落丁、乱丁本はお取替えいたします。　　印刷製本　大村印刷㈱

ISBN978-4-910316-22-2　C2033